明月说："我将清辉洒向了人间，

虽说我身上有些许污斑"

———泰戈尔·自己的和给予的(1900）

我要说："我将理智的感悟讲给大家分享，

虽然我清楚那并非完美，

甚至也算不上高明。"

———赵伟·给自己和同仁的（2009）

空间视野
看中国经济大势

赵 伟◎ 著

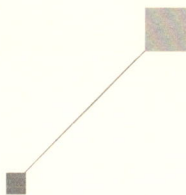

ZHEJIANG UNIVERSITY PRESS
浙江大学出版社

图书在版编目(CIP)数据

空间视野看中国经济大势/赵伟著. —杭州：浙江大学
出版社，2013.12

ISBN 978-7-308-12323-5

Ⅰ.①空… Ⅱ.①赵… Ⅲ.①中国经济—经济发展趋
势—研究 Ⅳ.①F123.2

中国版本图书馆 CIP 数据核字（2013）第 235785 号

空间视野看中国经济大势

赵 伟 著

责任编辑 王长刚 赵博雅

出版发行 浙江大学出版社

（杭州市天目山路 148 号 邮政编码 310007）

（网址：http://www.zjupress.com）

排 版 杭州林智广告有限公司

印 刷 浙江印刷集团有限公司

开 本 710mm×1000mm 1/16

印 张 15.5

字 数 210 千

版 印 次 2013 年 12 月第 1 版 2013 年 12 月第 1 次印刷

书 号 ISBN 978-7-308-12323-5

定 价 42.00 元

自　序

本书系笔者近年所写大量学术随笔与经济观察中一个系列的汇集，这个系列大体上围绕着一个主题展开，即空间视野看经济大势。这个主题有两个关键词，分别为"空间视野"和"经济大势"，即试图从区域或空间视野切入，把握经济大势。做这件事情的意义，在于为包括我本人在内的各种决策者理出选择的"一级约束条件"。

经济学是选择的学问，我们每个人，无论作为单个的个体，还是作为大小群体中的决策者，亦即替别人或机构担当一份子的责任者，每天都面临着各种各样的选择。经济学所要解决的，就是约束条件下的最优选择问题，而最优选择的前提，是清楚我们必须直面的约束条件。位于各种约束条件顶端的那些条件，就是所谓大势，这也是决策者必须直面的一级约束条件。认清了大势，才可谈顺势而为，才可谈往哪里走和怎样走。经济学家菲尔普斯说得好：这个世界上知道向哪里走路比知道怎样走路更重要。如果说经济政策解决的问题主要是怎么走路的话，那么政策目标须始终盯牢的问题，便是向哪里走。

经济大势哪里去看？两个维度不可或缺：一个是时间维度，就是决策者所处的时代、时段与时点；另一个是空间维度，就是决策者所生活的国家、地区与区位。其中时间维度是无法选择的，因为你无法决定何时生何时死，也无法像科幻电影中那样随意去"穿越"。空间维度是可以选择的，你多半可以改变你的区位、城市甚至国籍，但改变是有条件的，一个重要的条件就是看你的能力和掌握的资源。就这个视点来看，人一辈子的选择，很大程度上属于给定时间维度下的空间选择。同样就这个视点来看，判断社会经济大势，空间视野不可或缺。历史地来看，不仅经济决策者，甚至军事或政治决策者，选择的首要约束条件也是空间视野的大势。一定程度上来说，决策者对于空间大势的把握与利用，决定着其决策的成败。这方面的事例可以随手拈来。

在收拢本系列作品并理出主题之际，一次偶然的机缘触发了一个词——"新隆中对"，原本是想把这个词作为本书副标题的，但考虑再三最终决定舍弃，以免读者把我所谈的严肃话题当成"戏说"。实际上，"戏说"类的文章我也是写过的，有篇随笔的标题就叫《大学行政化"戏考"》，以调侃的口吻给时下国内大学愈演愈烈的行政化一个说法。但此处不能用。因为本书所收文章，皆系严肃的且和学术沾点边的，不过是以轻松的笔调写就罢了。

现在说说引出这个想法的"机缘"。恰在编纂本书过程中，忽一日"游学"到了湖北襄阳。那儿一所大学的朋友们邀我给他们的师生开个讲座，我给的题目就是"空间视野看内外经济大势"，讲座被东道主纳入"隆中讲坛"系列，一看便知和诸葛亮的"隆中对"搭上了关系。更令人惊喜而深感意外的是，东道主给我安排的宾馆，就位于诸葛亮当年躬耕过的古隆中山坡下，和诸葛亮悟出《隆中对》的"茅庐"就隔了一条马路。从我客居房间的窗户望出去，山坡上茅庐遮阴的大树和武侯祠房脊隐约可见。这激发了我无限的遐想，不由地拿自己正在归拢的这个系列的几篇文章和诸葛亮的《隆中对》联想，于是不无吃惊地感悟到，诸葛亮当年的学问，实际上也是沿着空间视野展开的。我从空间视野看经济大势，多半暗合了诸葛亮的一种视野。细想诸葛亮当年讲给刘备的《隆中对》，不也是从空间视野分析天下大势的吗？其中最脍炙人口的就是其三分天下的大势分析：

> 今操已拥百万之众，挟天子而令诸侯，此诚不可与争锋。孙权据有江东，已历三世，国险而民附，贤能为之用，此可以为援而不可图也。荆州……用武之国，而其主不能守；益州险塞，沃野千里，天府之土。……

在我看来，这实在是一种空间视野。而我的空间视野看经济大势是这样展开的：全球经济由三大核心主宰，分别为美国、欧盟和东亚，三块加总起来占世界经济总量的近80％；东亚经济有两大一小主宰，分别为中国及日本（两大）和韩国（一小），三块加总占东亚经济总量的85％以上。中国经济在两个层面的核心地位极不稳固。我们的经济战略与政策出手之前，必须考量这两个层面之外的两个核心经济体的经济大势与政策走向！

当然，类比只能到此为止。一些散论，一点不算太成熟的想法，还不可与那些在中国历史巨变中叱咤风云的超一流高人的思想相提并论。这里我想要说的是，本书自认为有新意的地方，恰在于以空间视野看经济世界。我还认为，我们当前生活在一个以宽带互联网和无处不能的移动互联网上网的全球化新阶段，信息甚至资本在以光的速度流动。我们所生活的空间维度在迅速扩大，人的空间选择机会越来越大。就这个意义而言，相信本书所展现的视野能给读者一些启示。

我期待着读者能分享我的思考，同时提出善意的批评指正。我清楚地知道，本书提出的有些看法并非完美，世界原本就是不完美的。

赵　伟

2013 年 7 月 29 日写于杭州

目　录

第一篇

全球空间视野看中国经济

看中国经济须有全球空间视野

从金融危机而后危机已逾多年，各方都在关注经济大势。什么样的大势，从哪里着眼？一般人更多地关注我们身边所发生的事，而办企业与政府决策则不然，得从更大的空间视野切入，身边的情势要关注，遥远的地域发生的事变也要关注。原因很简单，距离我们很远的世界某个地方发生的一件事，可能会改变我们决策的约束条件。自金融危机而后危机以来此类例子太多了。远的如中国政府4万亿元人民币刺激计划与美国7000亿美元救市计划之间的联系，近的如塞浦路斯危机之欧元汇率效应对我国企业与所在地区出口收益的影响等。这些案例意味着在一个信息和资本以光速流动的全球化的新阶段，距离变得越来越不怎么重要了，空间范围在缩小；意味着要预期一个国家甚至一个地区的经济前景，作出有效的判断，进而理出企业战略决策必须面对的重要约束条件，首先得有个足够大的空间视域。

什么样的空间视域？简单说就是全球视域。我把这叫做"用谷歌地图看世界"，又叫做"以90后的眼光看世界"。什么是"90后的眼光"？就是玩谷歌地图长大的那一代人的眼光。何以解释？仔细想想，现在"90后"这一代人，他们看世界跟"80后"之前的那几代人截然不同，因为从他们懂事的时候开始，就有了谷歌地图，他们是在拿谷歌地图看世界，从太空中往下看。他们通过电脑利用这个地图，最先看到的是一个地球，接着看到的是一个个大洲和大洋，再看下去是中国，是他所在的那个省那座城市，最后是街道建筑什么的。

想想之前的人们，包括我们小时候是怎么看世界的：先有一张本地交通图，然后是全省地图和中国地图，感觉世界是那样的大，最后才是世界地图。当一个人刚懂事的时候就在用谷歌地图从太空中看世界，你想他们的空间观念会跟我们一样吗？所以我还有一句话，"用谷歌地图而小天下"，这是沿用了孟子的说法，孔子"登泰山而小天下"。

全球空间视野看经济大势，须先从一些热点问题入手。哪儿找热点问题？空间上说，三个大的地区不可放过：第一个是北美，最重要的是美国；第二个是西欧，最重要是欧盟；第三个是东亚，以前得看日本，现在得看中国。因为中国经济总量已超日本，成了东亚经济"老大"。虽然我们的人均国民收入比日本还差得很远，我们的产业技术水平比日本也要差得很远，但我们的经济规模大，进出口多，影响自然就大。如此看世界，找世界经济的热点问题，实际上我们已经在有意无意地借助一种理论视野，这便是空间经济学视野。

什么是空间经济学？简单地说，就是关于经济活动空间分布的学问，是关于企业与产业区位选择的学问，是关于经济活动空间均衡的一种思维范式。

拿张世界经济地理图随便翻翻，便不难发现，全世界经济活动主要集中在几个有限地域，发达国家就那么几十个，全世界最重要的城市也是数得出来的。我们能马上想到的无非是纽约、巴黎、伦敦、东京和上海，是吧？就好像茫茫太空中那么大的宇宙，物质实体主要集中在那么一些星系上一样，别的地方大部分空空如也，什么也没有。地球上的经济活动也一样，强度高的也就那么有限的几块。何以见得？还是拿我开头说的"90后的眼光"自太空看下去，便会发现，目前全世界经济活动最强的地域不过三大块：

第一块是北美。其中美国最重要，美国一国的经济总量（GDP）就占了全世界的1/4左右。我们知道它只有3亿多人口。

第二块是欧盟，27个成员国加总起来占全世界产出的比重也是1/4多点，有时接近30%。

第三块是东亚，主要是中、日、韩三个经济体，加起来占世界经济总量的比重已超过23%，就快赶上美国了！

空间经济学上，把世界经济的这三大块称作世界经济的"核心"（core），其余地区被称作"外围"（periphery）。

进一步地看，每一个大的地区又都有核心。其中整个北美经济的核心就是美国两大洋沿岸的有限地域。欧盟的核心是英、法、德一线和卢一比一荷一块，别的地域都是外围。像近年闹主权债务危机的希腊、塞浦路斯，甚至葡萄牙、西班牙和爱尔兰什么的，都是外围，因为这些经济体加起来在欧盟占的比重并不大。欧盟的"大块头"是德、法、英，外加意大利，欧盟的"金融心脏"还包括了卢、比、荷。你边缘再闹腾但它整体是稳定的。

东亚呢？格局上是四块，两大两小，"两大"分别为中国和日本，"两小"分别为韩国和东盟。但东亚核心由中、日、韩三国分享。其中中、日两国经济规模大，是东亚天然的核心，何以韩国也挤进了核心？原因主要在于它的企业家创新能力特别强，有优良的企业家要素。看看目前全世界造手机和平板电脑的，真正能跟苹果一决雌雄的，也就是韩国的三星。造汽车，能和德、美、日等昔日"帝国主义"国家的企业相媲美的，也就韩国的现代。别的国家很难找出这样能死缠烂打、竞争力超强的企业来。由此可见韩国的企业家精神了得！

这样看世界，即略微用点空间经济学理论看世界有何不同？可以认为，有了这个理论，眼前就会豁然一亮，从一个偌大的世界中拎出最重要的那几块。这就是理论的妙用。什么妙用？能给你打开看世界的一扇新窗户，或者叫一种新视野，让你站得更高。

看世界经济须有成本—收益意识

让我们从太空回到地上，先从世界经济三大核心各自的一些热门话题说起。先看东亚"老大"中国经济，2013 年以来最热的话题有两个：一个是严重的雾霾袭击。2013 年 1 月 14 日一次，半个月后的 1 月 30 日一次，7 月初又一次。前两次可谓史上最严重雾霾，先袭击了整个东部地区，后蔓延至中西部。其中 1 月 14 号那次主要袭击了京津冀和环渤海地区，30 日那次则是大半个中国，连远在西部的四川成都都未能幸免。

另一个热门话题是新"国五条"与房价。上届政府任期届满前夕，国务院出台了新的调控房价的文件即"国五条"。各方都预期这次政府要来动真格的，要打压房价了。然而这五条出来以后房价不降反升，因为买卖房屋的许多人都赶着在政府征收 20％的个税之前过户。若仔细看看新的"国五条"便会发现，里面没有让房价跌的意思，说得最明确不过的是一个词：稳定！而且你看地方政府出台的那些细则，差不多都将房价调控的目标定在涨字上！说法惊人地相似：房价涨幅低于当地居民可支配收入增幅。就是说还是要涨的！

接下去看，中国经济的一个重要表象是什么？经济增速世界第一，即便跌破

8％也是世界数一数二的增速。但反观中国股市，可谓全球最差的，怎么折腾也上不来。

欧盟的热门话题，相信读者都很清楚，这便是"主权债务危机"。怎么回事？是国家的国债没办法还了，差点要违约了。因为没有人买新发的国债，为什么呢？国家财政赤字太大了，人们担心买了难以收回成本。这样闹腾了将近三年。从希腊到前不久的塞浦路斯，简直没完没了！

美国的热门话题是什么呢？就是经济复苏乏力，就业恢复缓慢，似乎坏消息不少。然而一个不容忽视的事实是，美国经济从 2010 年第 1 季度恢复增长，迄今已经连续增长了三年多时间。经济界一再预期的"二次衰退"迄今未见。再看美国股市和住宅市场表现，也得不出差的结论。股指已经创了纪录。2008 年 10 月份遭受金融危机突袭之后，"道琼斯指数"几近被"腰斩"，由 1.3 万点以上跌倒 7000 点之下，房价也跌了近一半。现在股价又涨回来了，而且超过了金融危机之前 2007 年的纪录，是 2009 年年初谷底的 130％多！房价也在反弹，最近两三个月，美国一些热点城市的房子简直有点被抢购的迹象。以前售房挂牌平均要挂三个月才能卖出去，现在有些挂出来当天就有人拿走。对于大多数美国人来说，房价涨了就有希望。你知道房价对美国人有多重要？许多家庭都有私房，拿房子在银行做抵押，可以贷款。所以房价涨了美国家庭就有钱了，就可以贷款，就可以进行消费和投资。

世界经济三大核心的上述热点话题反映了什么？用经济学思维定式看，是成本和收益的平衡。中国的两个热话题聚焦的现象后面的实质，可以叫做"粗放的成本"。我们知道，过去 30 多年中国经济增长走的是一条粗放路径。所谓粗放，就是主要靠廉价要素的投入，廉价劳动力、廉价土地和"廉价环境"最重要，后来还加上地方政府的土地财政。其结果是资源环境遭受严重破坏，地价推动房价暴涨。这样算是发展起来了，但代价不小。回头来看，2008 年金融危机原本给中国一个极好的调整机会，若当时能够延续前一年已经开始的调整，顺势而为的话，或可促成增长方式的真正转变，激发产业转型升级，抑制房价暴涨。然而当时并没有那样去做，而是匆忙结束了短暂的调整，政策来了一个180度转弯，推出了大力度刺激计划。刺激政策导致了新一轮的粗放。结果各方都认识到，增长方式转变和产业转型升级被延宕了。环境破坏、雾霾频发，房价涨个不休。这一切都可视为粗放的成本！

欧盟与欧元区没完没了的主权债危机，可以叫做"冒进的成本"。什么地方冒进了？一言以蔽之，一体化也！我们知道，欧盟成员本来是一个个的国家，第二次世界大战后搞了个"煤钢共同体"，继而形成欧洲共同体，感觉不过瘾，又搞了一个欧盟，想让欧洲联合起来。还嫌不够，想着建立一个"欧洲合众国"，像美国那样，实现单一市场和单一货币。设想是好的，但实现有多大可能性？我们知道美利坚合众国是一种官方语言、一部宪法、一个联邦政府说了算。欧洲是多少种语言？跟中国南方一些省的方言几乎一样多！多少国家的政府想说了算？这就是问题。后来又搞了一个欧元，而现在看来，欧元设计上先天不足。

美国经济的"形弱而实强"，可视为一种政策回报。说清楚点，就是先承受一些成本——企业破产重组与失业，而后获得回报。不要看美国经济增长很慢，但已经增长三年多了，且增长很实在，没有通货膨胀。去看看美国目前制造业产品，大部分都是新产品。别的不说，单是一个"苹果"，一度几乎把全世界造手机的厂商全给收拾了，平板电脑更不用说。一个谷歌搜索引擎，科学界、技术界、文化界用得最多的都是它。谷歌搜索由于跟中国闹了一点性子现在不太好用，但是我们做学术研究的人特别青睐它，这个用起来特别顺手。为什么？你搜一个文献，没有什么垃圾。但你拿百度什么的搜索引擎试试，搜出来一大半跟你不相干，是垃圾信息，把你真正想要的信息给淹没了，这就是问题！

说美国持续的经济复苏是一种政策回报，何以解释？说明白点就是反金融危机的政策得当，避免了大麻烦，把经济引入一种次优状态——不是最好，但还不错。

这样我们的话题实际上就已经转到反危机政策上了。现在的确到了对过去数年各大国反危机政策进行反思的时候了。尤其是需要对我们的反危机战略和策略优劣做点反思，以便下一步作出好的选择。大家知道2008年的"金融海啸"突如其来，事先征兆没那样可怕。金融危机从美国纽约华尔街"刮出"，以"海啸"之势袭击了全球经济。现在想想，这个海啸是美国酿制的，从美国经济的核心地域刮出来，情理上应该是美国所受创伤最大。然而现在回头来看，谁受的创伤最大？并非美国，而是欧洲最大，中国其次，美国自己倒像没事似的。这是什么原因呢？反危机政策与策略不同。现实世界灾难很多，关键看当事人怎么应对。一般的情形是，当灾难袭来之时，有人坦然处之，从容应对，妙招连连；有人惊慌失措，顾此失彼，昏招迭出。结果两样。一个国家的政府亦如此，当金融危机以海啸之势袭来之时，关键看你怎么应对，决策策略就是招数。事后若作检点，可谓有得有失。关键要看是得大于失还是相反。我们知道，理智的决策者，事后都要反思。老老实实看一下他以往的行为里面，哪些是不尽如人意的，下一步需要注意哪些。这就是"边干边学"，从学习中长见识。

"后危机"全球三大核心利益得失

现在我们回头来看金融危机中大国利益得失。综合各方面利益得失，大体上可以这样认为，美国得了大实惠，欧盟得了教训，中国得了些许利益，但代价很大。

说美国得了大实惠，何以见得？表现何在？这里至少可列出四个方面。

第一个是顺势实现了产业调整，因而恢复了主要产业的竞争力。产业调整没调整的一个重要标志，是看关键产业中是不是经历了破产重组浪潮。如若仔细看看美国这几年产业数据，便会得出肯定的答案。先看商业银行业。金融海啸来的时候，美国 7000 亿美元救市计划一出来，其中大约有 3000 亿美元是给银行准备的，但是它救的是什么样的银行？救的是大银行，让没办法救的那些小银行破产重组。所以从 2008 年到 2010 年，美国每年都有两三百家银行破产。破产有好处，你这个企业已经资不抵债了，你破产清算以后，你的资源让好的企业拿走。把差的破产了留下好的，你说经济效率是不是提上来了？制造业也一样，也实现了较大规模的破产重组。其中汽车业最具代表性。所以从经济学视点看，你得让那些差的企业破产，把资源腾出来，这样才能给好企业足够的扩展空间，实现产业调整。如此才能提升产业运行的效率，没有经历破产重组的产业，就会失去竞争力。

第二个是美元的世界货币地位。大家知道美元以前叫做"美金",这是老上海人和港台地区的叫法,为什么?拿了美元就等于拿了黄金。当欧元推出来的时候美国政客们吓了一跳,当时有人估计再过十多年欧元就会超过美元,成为世界第一大储备货币。因为欧元集中了德国马克、法国法郎和意大利里拉这三个欧陆最重要的货币,还加上了欧洲一些小国的货币,一大群合起来,气势逼人。外加中国、俄罗斯、伊朗以及多数高外汇储备国家的"助威",让人们感觉到把外汇储备全放在美元上不安全,看好欧元,一时间欧元来势很猛。连前美联储主席格林斯潘都说过不多久欧元会超过美元。不曾想一次金融危机,差点导致了欧元解体。现在有多少人还放心欧元?现在有了余钱还愿意放在哪儿?多半又会放在美元上!因为事实明明白白摆在那儿,强势美元又杀回来了!"美元帝国"又复活了!至于人民币,由于我们的金融改革严重滞后,银行不怎么改革,要实现国际化还有很长的路要走。

第三个是产业与高端要素的向心力。这也是个空间经济学概念。从空间经济学视点来看,任何经济活动中心或产业核心都存在两种力的角逐,分别为向心力和离心力。向心力主要是指那些可以移动的要素的向心力。一个产业中心或经济活动中心,生产要素的向心力远大于离心力。作为世界经济第一大核心,美国经济的向心力在恢复。前危机时期,欧盟的要素向心力直追美国,全世界尤其是东亚那些受过良好教育的人,或者说人力资本含量高的劳动力和现金形式的资本,在美国和欧盟之间的空间选择几乎没有差异。现在经过金融危机和欧债危机,再来看,这些高端要素首选哪里?无疑是美国。由于这个原因,加上别的因素,美国政府负债累累依然可以玩下去,依然有人送钱去。低得不能再低的利率,依然有人买它的国债!这意味着美国经济的要素向心力在强化。

第四个是地缘政治,你看目前哪里最乱,麻烦最多。第一个是中东。"颜色革命"改变了埃及、突尼斯，铲除了卡扎菲政权，实现了民主。可是这些国家要真正恢复秩序和经济增长，估计最少说也得十年时间，甚至一代人的时间。还有叙利亚，现在仍在打仗，还得乱好大一阵子。你看这些国家地理上最靠近哪里？靠近欧盟。一个地区不稳定，经济混乱，就会制造难民，而难民最容易跑到哪里去？葡萄牙、西班牙、意大利、法国等欧盟国家！原因很简单，地中海漂个破船就过去了！欧盟不是讲人权吗？到了你那儿还能给赶回去？外来移民、难民多了，加重了欧洲的困境。所以现在法国也不怎么安全了，曾看到报道说中国游客在法国屡屡被抢，抢劫者基本上都是移民，非法的合法的都有，他们初来乍到没事儿干，没收入。所以欧洲麻烦很大。东亚的地缘政治现在也不好，一个乱源是"岛争"。中国和日本之间，韩国和日本之间，中国的南海，朝鲜半岛等，都不太平，加上外部势力使劲在那里"加料"，推波助澜！可是看下美国的"后院"咋样？拉丁美洲历来被视为美国的后院，现在看来平静得出奇！卡斯特罗老了，查韦斯死了，还有拉美几个左倾"鹰派"，身体都不大好。查韦斯说了，美国可能发明了一种秘密武器，让那些反对它的人都得癌症！这个说法有些无稽！但难以否认的事实是，美国的"后院"现在很安稳。

现在回头来看，一场金融危机，原本是美国制造的，到头来的结果是它倒得了大便宜。欧洲得到了什么？我以为只得到了点教训。什么教训：欧元是个"早产儿"，一体化过快！可是欧元一旦推出，呈现"骑虎"之势，现在若让它解体，灾难将更多，所以只能在那硬撑着！

中国从金融危机得到了什么？这是我们必须直面的问题！问一般老百姓，多半会说高房价、高物价，消费环境差，什么都有假。似乎没感到得了利益！

客观地说，中国之于这场危机也是有得有失。得到哪些利益？大体上可以"三大"和"一影响"来概括。"三大"即变身为三重意义上的大国：第一重是世界经济中的大国。经济总量超过日本名列全球第二。虽然中国 GDP 还仅相当于美国的 1/3 多点，但是毕竟是"老二"了，分量重了。第二重是全球外贸大国。2012 年中国外贸总量首次超越美国，成为全球首屈一指的进出口大国。全年中国进出口总额达 38668 亿美元，美国是 38200 亿美元，中国比美国多了 400 多亿美元，成为"老大"。第三重是外汇储备大国。这在金融危机前夕已经形成，但金融危机中中国外贸逆势而动强化了这种地位，外汇储备从 2010 年的近 3 万亿美元，先扩张到 2011 年的 3.2 万亿美元，2012 年达到 3.44 万亿美元。这相当于德国一年的国民产出！这"三大"成就了"一影响"，即中国国际影响的骤然上升。

由于经济规模、市场规模和"外汇储备"规模跃升，中国在国际事务中的影响力骤然提升。别的不论，三个英文缩写所代表的机制中，中国因素居于核心地位：一个是 BRICS，即金砖国家。中国经济总量占了"金砖国家"的一半多，外贸比重更高，影响能不大吗？另一个是 G20，即 20 个国家。说具体点是 19 个大国加上欧盟一个"壳"，号称"万亿美元俱乐部"，成员国最小的经济总量得超过 1 万亿美元。20 国集团有个峰会机制，领导人差不多半年到一年要聚会一次。每次聚首中国领导人最受关注。第三个是"G2"，即中国和美国，是个对话机制。最初是媒体给杜撰出来的，后来得到世界银行等组织专家的推崇。后金融危机以来，但凡大的国际事务，中美两国领导人对话最引人注目。这些意味着什么？意味着中国已经挤进世界中心位置。这多半可视为我们的收益——得自金融危机的收益。

但上述收益是有成本的。无论常识还是经济学的思维定式都告诉我们，任何收益都是基于一定的成本的，如果这个成本你没有看到，你没有付出，一定有人替你付了。中国的成本是什么，怎么去看？我以为有三个视点可以清清楚楚地看到。

第一个是产业视点。产业转型升级虚置就是最明显的成本。睁大眼睛看看我们的产业转型升级了没有？没有！现在赚钱的还是那些老旧产业，钢铁、石化、电信之类的国有垄断行业，还是那些国企，还是那些重化等高污染的产业。环渤海地区最突出，有人预言若继续这样粗放下去，渤海迟早要变成"死海"！除了渤海，别的海域的污染也在恶化。据相关报道，中国沿海 100 海里范围内没有什么野生鱼虾了。

第二个视点是大众福祉。问问老百姓得到哪些实惠。从老百姓这一边看，这几年多数人的收入虽然增加了，可是房价上涨得更快，增加的收入基本上交给了房地产公司。要买房子，是几代人合起来给年轻人买房子。还有高物价，因为从 2009 年到现在，许多时段 CPI 指数都很高，涨多降少，这样连续几年下来，我们很多商品的价格实际上要赶上发达国家了，现在随便一个大饭店吃饭贵得不得了。除了贵，还有个问题是消费环境的恶化。老百姓出外消费购物，一不小心就会上当受骗。你去旅游，遇到"三亚式"坑蒙，你买食品，里面不知道加了什么"料"。最让人痛心的是，中国有世界级的大牧场，但孩子吃奶粉要选进口。所以老百姓那里有个词儿叫得很响很无奈——"套牢"！先是给股市套牢，接着是给房价套牢。得到的实惠不多啊！

第三个是收益分配视点。不妨打个比喻，称之为"层层打工"。老百姓的收入一大半给了房地产公司，所以多半人都在说给房地产公司打工。算一算你这辈子挣的钱，大半都付按揭了，给自己付完给儿子付，儿子付完孙子还等着呢，简直没完没了！可是和房地产老板聊聊，他们说我们更冤，我们挣的钱大半归了政府。有人算了一笔账，房子成本的 60% 以上用于向政府买地支出，地价越来越贵。另一部分作为利息给了银行。现在银行利润高得不得了，有段时间某银行行长曾感叹说，利润多得都不好意思了！如果银行利润很丰裕，那别的那些实体行业还有利可图吗？所以从收益分配视角来看，是层层打工。老百姓收入最后还得在垄断行业那里被砍一刀。最后来看钱都到哪儿去了？一大半归了政府。金融危机最剧烈的几年，中国政府的财政收入以 20%～30% 的速度增加，所以政府最高兴。这反映了我们收入分配的一个突出问题。

"后危机"核心经济分野：反危机政策反思

2008年，一场气势空前的金融危机从美国金融心脏地带爆发，原本是冲着美国经济来的，不曾想事后来看，美国受损最小，欧盟、中国损失反而更大。何以如此？这需要对反危机政策进行反思。纵向来看，面对金融危机，美国调结构先行，促增长跟进。就是说先调结构，借着经济衰退，顺势让那些该破产的企业破产掉，救下那些能救的，而后才考虑刺激。我们的政策恰恰相反。保增长优先，保完增长再回头调结构。哪个难哪个易无须我多说！

再看产业救助政策。美国的政策是救那些能救者或曰高效率者，任由不能救者或低效率者破产重组。我们的政策不说是失误，至少可谓不到位。何以见得？产业救助救了老旧产业，误导了新兴产业。我们救助的钱，多半花在了家电、钢铁甚至水泥产业上。这些产业几乎全部属于产能过剩的产业。别的不说，单是钢铁，2007年调结构期间，就说已经严重过剩了，那时有7亿多吨的产能。经过后来的刺激，而今产能超过10亿吨。如果说这不叫过剩那什么才叫过剩！

至于有些新兴产业，一定程度上被政府的产业政策引入了死胡同！最典型的要数光伏产业，原本很不错，不知何故被列入国家"战略性产业"，各地一哄而上，盲目扩张，差点给毁了！这当中最典型的案例又首推无锡尚德。尚德曾经是中国光伏产业的第一块品牌，做得非常好，有自主知识产权，经营者有很好的理念，在纽交所上市，其股价一度达到近90美元，最后跌到0.59美元，跌了99％以上。现在这个板子打在老板屁股上是不公正的。是什么原因？各方都清楚，是被地方政府产业政策给毁了。打个比方，看到一片林地树长得特好，大家都往这儿种树，最后这片林子树种得太密集，树木缺乏营养全死了，就这样简单的道理！这是地方产业政策失误！

还有一个典型案例，"家电下乡"。美国也搞过产业救助，救助的制造产业首推汽车业。我们知道，2009年奥巴马上台之后产业救助做的第一件大事，就是救助陷于绝境的汽车产业。当时美国三大汽车制造商全面陷入窘境，而日本的丰田却气势如虹，销量已经超过通用。可是奥巴马政府做了一件事：救助。怎么救助？不是我们的那种做法，不是白给你拨款。而是要那些想获得救助的企业先拿一个方案来，看看你怎么自救？把这个方案交给一个独立的专家委员会审核通过后，才给救助。但给的救助金不是拨款，而是贷款，贷款是要还的！而且条件非常苛刻：政府把一笔钱借给你，就按你的方案重组，但将来如果重组失败破产的时候，第一件要做的事是先把政府借给你的这笔钱还回来，还要加上利息。因为这是纳税人的钱，一分都不能少！条件很苛刻！所以这个方案一宣布，三大汽车生产商——通用、福特、克莱斯勒中，福特宣布不要政府的钱了！要自救。为此福特才决定把经营了10年的沃尔沃卖掉了，所以中国的李书福拣了"漏"，否则它能卖给中国一家造车民企？后来我们看，美国汽车业给救活了。从2010年起汽车市场好得不得了，三大汽车制造商生产的70％以上的车都是新产品，在全世界尤其是中国卖火了。这就是美国式的产业救助。救活的是一个有竞争力的产业。

反观中国式的产业救助——"家电下乡"。家电业是个过剩产业，原本是不需要救助的，得借助优胜劣汰机制让一些企业破产重组。但后来给捣鼓出一个"家电下乡"机制。说是让利农民。仔细想想，下乡的家电追求的一大目标是便宜，多半是老旧过时的产品，甚至库存积压产品。若把此类家电放在大城市的百货商店去卖，不打个六折才怪呢？给了农民，政府拿出了补贴，最后也就是企业定价的七折。就这还被利益机构说成是个"三得利"的好政策："企业得市场，百姓得实惠，政府得民心"！谁相信？把政府的"民心"跟不怎么讲信用的企业经营者利润绑在一起是很危险的，当企业在产品"性价比"上稍微做点手脚，老百姓买个差的产品，保修不到位。他最先想骂谁？这样的谎言居然有决策者相信！仔细看看，这个政策不仅没让家电业走出产能过剩困境，还导致了这个产业商业道德滑坡，而今借助家电下乡虚报数字、套取政府补贴，已属行业公开秘密！

　　政策何以失误？这里我不想深究，我最想说的是需要反思产业政策。哪里需要反思？就是像指挥军队那样指挥产业扩张的那种方式。经济学家保罗·罗默讲过，政府若像指挥军队那样去指挥产业扩张，则多半会导致系统性的失误。

"后危机"世界经济大势：三大核心视点

现在让我们来看下一步世界经济发展的大势，先得盯住三大核心经济体，看看它们各自的前景。

前面已论及，全球三大核心经济首屈一指的是美国经济，须予以持续的特别关注。个人判断，在可以预见的相当长一段时间内，美国经济将依然引领全球，其"老大"地位是没法撼动的。何以见得？首先，这一次美国经济复苏是一种效率型复苏，其产业多半甩去了低效率的那块，剩下的是有效率的。中国增长属于数量型的，有些"虚胖"！美国现在利用新兴经济体尤其是东亚国家的廉价外储，使劲刺激经济，经济可望继续增长，且有可能在发达国家中"独秀"那么一段时间。因为它的产业已经经历了优胜劣汰，企业界乃至大众已经从金融危机中得到一个教训，就是尽量保持一定的现金流，不要盲目借贷。故而美联储把利率降到史上最低水平，流动性增长幅度依然不大，但东亚外汇储备还是一个劲儿流向美国。

还有各种"软实力"，短期内美国也难以动摇。教育、科学与文化，全世界几乎所有的新鲜玩意儿，科学思想和发明的八成以上，有时候九成以上是美国的，别的国家有多少？想想全世界最好的大学在哪里？在美国。中国2000多所大学加起来培养的创新型人才，还不如美国一所比较小的大学培养的多。哪所大学？加州理工学院。钱学森上过的那所大学。中国"两弹一星"的多位科学家，都在那所大学上过学。那所大学多大呢？教研专业人员经常不到200人，学生经常不到2000人。按照而今中国的标准算是很小的大学了！中国随便哪所大学都是上万人！可是这所大学已经培养了多少创新型人才？30多人获得过诺贝尔奖。诺贝尔奖意味着什么？一个重要标准就是对人类知识宝库有一个新的贡献。就这个标准衡量，中国2000多所大学培养不出一名诺贝尔奖得主，意味着什么？意味着我们对人类知识宝库的全新贡献近乎于零！故而钱学森教授弥留之际曾感叹过："何以我们的大学培养不出创新型人才？"这就是钱学森先生著名的"世纪之问"。这还是美国很小的大学，除了加州理工学院，还有许多世界一流大学，哈佛、耶鲁、芝加哥、麻省理工学院等。哪一个我们的大学在短期内有望赶上？

空间视野来看，接下去一个链条将难解难分，这便是中国的钱和美国的债。你看美国政府财政赤字，政府债现在多少呢？比它的国内生产总值还多，2013最新数据显示，美国国内生产总值是16万亿美元左右，它的国债规模是16.78万亿美元。这里面多半是美国人自己买的，大概1/3是外国买的，其中中国近年买得最多，目前大约有1.2万亿美元，成了美国最大的外国债主。中国的钱和美国的债这之间的链条，短时间内是解不开的，中国制造业辛辛苦苦赚的收益，通过外贸变成外汇时就会往美国跑，明着暗着跑，因为我们出口产品的外汇多半都以美元结算。在美国买国债最保险，还有些中国私人老板本身就在那里找机会，或者把子女送美国去，或者在美国买房置地。最新的数据是，2011年中国人在美国买房花出去90多亿美元。现在一听美国的曼哈顿豪宅，富人区豪宅都谁在买？八成是中国人在买。不久前报载，一位中国妈妈为她2岁的女儿在美国曼哈顿花500万美元买了一座豪宅。还有，前不久地产大亨王石带了一帮中国富人去美国看房！这钱交给美国的房地产老板，一交易给美国政府纳了税，为弥补财政赤字做了贡献。所以中国的钱美国的债这是一个链条，短期内难以解开。

欧盟经济前景如何？可以肯定的是，欧盟也好，欧元区也好，是要分化的。核心国家经济没有什么大的问题。从空间经济学视野来看，边缘国家不稳定，不断闹腾，那里的高端人才和优质生产要素会往核心国家集聚，强化着核心成员的经济活动。所以欧盟一定会发生分化。一方面边缘国家如西班牙、葡萄牙、希腊、塞浦路斯那样的成员麻烦将不断；另一方面核心国家如德、法、英以及卢、比、荷都不会有大的麻烦。若到德国莱茵河谷去走一圈，便会发现那里制造业中国几十年也赶不上，多半是高端的。从造汽车到精密仪器，从制药到食品，哪块儿我们短期内能赶上？可以认为，接下去欧盟经济将是一种不死不活的状态，将拖一段时间。但欧元不会解体，因为那里的政客甚至公众都明白，这个东西一旦把架子搭起来，再困难还得硬撑着，因为散伙了影响更大，破坏更大！

中国经济何处去？最紧迫的是需要补课。补什么课？两个彼此关联且首当其冲：一个是转变经济增长方式，另一个是体制改革。

转变增长方式有两个重要内涵：一个是转变政府投资驱动为国内私人消费拉动的经济。当务之急需要明白，生产是为了什么？是为了更多的生产还是为了老百姓更好的生活？改革开放前30年我们的经济与产业一直掉在一个自我强化的循环过程中——生产为了更多的生产，GDP为了更多的GDP；时下亟须转到另一种形式的循环上——生产为了老百姓更多的物质文化享受，老百姓的需求拉动经济增长。发达国家不都是这样在循环吗？美国GDP的七成以上是国民消费的。而我们不到四成！然而转变增长方式说起来容易做起来难上加难，因为要让老百姓手里有钱，且能够花得出去。如果像现在的高房价，你有了钱准备着买房子按揭，你得省吃俭用，那就得压缩别的消费！

另一个是产业转型升级。这个也说起来容易做起来难。转型升级从"十一五"

时期就提出来，现在都到了"十二五"时期了，看看产业转型升级了没？老实说没有！原因何在？一个重要的原因是既想追求高速度又想实现转型升级，这是没有先例的。我的研究结论是这样的：发达国家经济史上未曾有过无衰退的产业转型升级。好像一个人不得一场感冒有些病毒死不了，所以医生有一种说法，经常感冒的人得癌症的概率要小一点！我们追求的实际上是一种无衰退的产业升级，我们一直都在保8（8％以上的增长），甚至盯着10（10％以上）不放，同时还想让产业转型升级，这可能吗？有这样的好事吗？因为你要保增长，你连差的企业都要想方设法保下来。那些差的企业破不了，与好的企业争资源争贷款，何谈优胜劣汰和转型升级？所以我以为转型升级要有硬约束，硬约束必须由市场创造。

论及转变增长方式，两个问题不能再拖了：一个是收入分配，另一个是环境补偿！不是停止破坏那样简单，而是要补偿。早先是"癌症村"、铅污染之类，距离决策者很远，现在的雾霾、PM2.5什么的，连高层决策者也身受其害。不能再拖了！

电影台词说什么来着？"出来混，迟早是要还的！"经济学家怎么说的？"世界上没有免费午餐。"放在我们的现实情境下有何寓意？你舒舒服服地粗放之后，接下去是要吃苦头的。金融危机之前我们就在调结构，如果当时忍一下，把调结构延续下去，让一批低效率企业及早破产，进而淡化GDP数字，早点重视环境的话，就不会有时下这样严峻的形势。

形势有多严峻？略微有些良知者都会看到，接下去大众将会吃哪些苦头——吸PM2.5，吃各种添加了不明物质的食品，喝污染却被有关部门判断为"合格"的地下水。你不愿意喝污染水，那你多掏钱买矿泉水，买纯净水吧！现在连有些乡下农民都得花钱去买纯净水了，原因是地下水没办法喝。更夸张的是，前不久媒体报道，河北某县农民投诉井水发红、发臭，环保局局长怎么讲呢？发红的地下水并不等于不合格的地下水。这个环保局局长就好像你一个警察是抓小偷的，你现在不但不抓小偷你还替小偷说话。良心何在！

这一切，都有赖于一个不能再拖的大动作，这便是不能再拖的体制改革。美国经济何以实现了效率型复苏？原因在于其依赖市场配置资源。借助危机强化了市场优胜劣汰机制。我们恰恰相反，金融危机以来不仅未有市场化改革的大动作，而且以前的一些改革被废弃了。较为突出的是国有企业财势更强，政企不分的体制回潮。

中国经济的希望：三个不可逆转

标题这样讲，或许有人要问，按你的说法我们还有希望吗？实际上我是个乐观主义者，如果以全球空间视野审视接下去的内外大势，中国经济还是有希望的。

什么大势？一些不可逆转的大势，这方面可以提出一打，这里只讲三个。我以为这三个最重要，对于中国决策最有现实意义：

第一个是不可逆转的经济全球化。经济全球化是什么？国与国之间更密切的经济联系，靠什么增加联系？我们这个时代的新技术：一个是宽带互联网。有了互联网，你足不出户，有一部电脑甚至一部手机上网，就知道全世界的事了。有了这些玩意儿，即便偏远地区的普通百姓，只要一上网，网上看看，就清楚世界上发生了什么事，美国人、欧洲人怎么生活！政府要糊弄老百姓就难了。再像以前那样说人家生活在水深火热之中，是不可能了！另一个是电子商务。有了电子商务，有了"淘宝网"之类的电子商务平台，你现在不用跑商店，可以在网上找货、订购，又便宜又好，不仅可买国货，而且还可买洋货。第三个是"外包"。这个更厉害。你有一个想法，有个专利想变成产品，实现产业化，可通过网上找，外包给第三方去做。恰是有了外包，才有了乔布斯的苹果。美国设计，中国制造，行销全世界。全球化的这个新阶段，被美国专栏作家托马斯·弗里德曼称为"全球化3.0版"。他的那本《世界是平的》曾经风靡世界。我以为这个看法没有过时。

在3.0版的经济全球化时代，企业也好，政府经济决策者也好，面对的约束条件变了。以前各方面都推崇技术，认为技术创新是最能动的。现在来看，真正伟大的是思想（idea）或点子。是思想引领设计、设计引领研发，接下去才是制造。想想苹果的成功，想想阿里巴巴走过的路，不都是思想引领？乔布斯也好，马云也罢，他们的真本事在哪里？一种思想甚至一种理念以及对实现其理念的执着！那些身怀绝技的研发人员，制造企业的CEO，不都得听命于他们？任其摆布？

就这个意义而言，中国需要第二次解放思想。要让思想界、企业界放开胆子创新！决策者得有足够大的胆识吸纳各种创新思想。

第二个是不可逆转的中国制度转型。中国经济转型是不可逆转的，因为大家已经看到这个世界原来如此，西方习语说"魔鬼已经放出来了"。潜台词是，要收回去很难！大家都有想法了，以前领导说的你就相信了，那就是铁定的；老爸说的你也相信了，那也是铁定的！现在你试试，儿子相信老子说的话吗，孙子相信爷爷说的话吗？下级相信上级领导说的话吗？他们会怎么说？——你那些都过时了！我网上看了不是那回事！大众要改革，不是某一个人决定要不要改革，大家会施压！经济体制的市场化不可逆转。同样不可逆转的是政治体制改革。因为经济市场化了，经济决策多元化了，政治决策也要多元化。

第三个是不可逆转的大众消费时代。说确切点叫做"大众高消费时代"。这是美国经济史学家罗斯托提出的一个概念。他的另一个概念"起飞"早已为国人耳熟能详。起飞就是工业化与经济快速增长。他所说的大众高消费阶段，简单地说就是经济靠普通大众消费升级拉动的时代。这个时代在美国是1900年开始的，持续到第二次世界大战后的20世纪50年代末，到20世纪60年代前期结束。那以后美国进入所谓的"后工业社会"。大众消费时代有一些标志性特征：首先是以前仅供少数富人消费的耐用消费品，开始普及到寻常百姓家中。每个时代的耐用消费品不一样。我们这个时代的耐用消费品包括各种家电、电脑与手机，等等。其次是住宅舒适化。人人都向往住得舒服些，起码得有好的卫生间，24小时有热水。再次是私家小轿车的普及。还有就是闲暇消费和旅游业的兴起。最后是高等教育的普及。

随便看看时下中国，这些方面的消费浪潮一浪高于一浪。现在中国任何一个城市堵车都属家常便饭，只是程度不同。现在刚毕业的大学生，都在考虑买车。至于高等教育的普及，也不在话下。现在凡是个人，想上大学不是件很难的事儿！区别就是好大学跟差大学！想想上几代人，上个大学多难呀？一个村出不了一个大学生。至于旅游什么的，现在简直成灾了，中国人不仅国内游，而且出国游，连新、马、泰都被挤爆了！

这个时代意味着什么？意味着经济靠国内消费拉动完全具有可持续的现实基础。别的不说，单是小轿车一项，就会引出巨大的财富效应。小轿车改变了普通人的活动半径。自行车的活动半径也就是一二十公里，小轿车动辄就是一百公里。有了小轿车，使最偏远地区的人都有了足不出户致富的希望！那种最偏远乡村，别的都不要做，只要保住青山绿水，把房子打扫干净，做几样特色菜，自驾游者就会找上门，去送钱了！所以像这样的地区，无须搞什么工业，切不可走沿海地区前30年"村村冒烟，户户办厂"的路子。只要把青山绿水守住，把农民的房子修好即可。

然而遗憾的是，这往往和地方政府追求财政收入、追求GDP数字的政绩目标相冲突！拆迁、挖山、填海与大众致富和时代潮流背道而驰！由此提出一个重要问题，发展经济的决策究竟由谁做出？这也凸显了政治体制改革的紧迫性。

（本文基于作者在成都"金沙讲坛"讲演录音
整理，部分原载《北大商业评论》2013 年第 8 期）

第二篇

空间视野看中国城市化

中国城市化不算太快

　　城市化是最近 30 年以来中国经济转型的核心内涵之一。笔者早先聚焦于中国经济转型的研究认为，考察中国经济转型须有个多重转型的视野。四重转型最重要，可简称为"四化"，分别为经济制度的市场化、经济结构的工业化、人口居住空间的城市化以及经济活动空间的国际化。我以为在这"四化"转型中，对于大众生活方式影响最大的，可能要数城市化了。我还认为，城市化的核心导向，就是让大多数农村居民摆脱落后封闭的农村生活方式，享受现代城市文明带来的便利与舒适。或用眼下时髦的话来说，让人们"零距离"地接触现代文明。

　　值得庆幸的是，随着工业化的快速推进，中国正在迎来城市化的高潮，反映城市化进程的城市化率，似乎呈加速提升势头。与以往相比，近 30 年的中国城市化进程算是创纪录地快了。然而值得注意的是，与一些后发型工业化国家相比，还不算太快。战后日本以及东亚新兴工业化经济（NIES）的经历表明，后发型国家在工业化完成与现代化高潮时段，城市化有可能出现跳跃式的推进。以日本为例，在 1950 年到 1955 年短短 10 年时间，其城市化率就提高了将近 20 个百分点，城镇人口占总人口的比重，由 37.5％ 猛增到 56.3％。而在接下来的 20

年间，即 1955 年至 1975 年，又增加了近 20 个百分点，达到 75.9%，东亚新兴工业化经济体尤其是韩国和台湾地区也有类似的经历。

若以经济增速为参照比较城市化的进程，则中国最近 30 年的城市化进程不但不能算快，在一定程度上可谓慢极！经济史有关统计数据显示，战后日本城市化快速推进的 25 年间，即从 1950 年到 1975 年，经济平均增速为 8.2%，城市化率却提升了 38.4 个百分点，年平均提升 1.5 个百分点以上。反观中国，从 1978 年到 2008 年的 30 年，经济年平均增速高达 9.8%，同期城市化率仅提升了 26.98 个百分点（从 17.92% 提升到 44.9%），每年不到 1 个百分点。与经济高增长形成明显反差。

不仅如此，作为一个体制与传统都很独特的转型经济国家，中国城市与城市居民界定等方面本身存在自有特点，别的特点不提，单单考虑如下两个特点，则目前城市化的实际进程，尤其是现代意义的城市化进程，当远远滞后于工业化进程。

一个是统计系统对于城市以及城市人口界定的特点。这方面中国与工业化市场经济国家之间或许有着质的差异。笔者早先的归纳性研究[①]，揭示，欧、美、日等先行工业化国家对于城市的界定，大体采用三个标准：其一是，"城市状况" 标准，这是英国标准，对于城市的界定主要按照集聚区居民生活是否带有 "城市状况"，亦即市民状况。其二是城市居民规模标准。这是多数工业化国家的标准。其中法国与德国的界定是 "2000 人居民以上的集镇社区"，美国的界定是 "2500 人居民以上的市镇"。其三是混合标准，即同时考虑城市治理制度与人口规模，这是日本的标准。日本官方对于城市的界定是："自治体" ＋ "3 万以上人口"。

表面上来看，中国的统计机构对城市的界定，大体上虽沿用了居民规模标准，即 "5000 人居民以上的市镇"，且标准还有所提高。然而实质则大为不同。

---

① 参赵伟：《当前中国社会经济发展阶段：三个视点的判断》，载《社会科学战线》，2007 年第 5 期。

原因盖在于这样一个事实：中国官方对于"城市居民"的界定，不同于西方国家。目前统计系统简单地取城市"常住人口"，但并未考虑到常住人口身份的差异，如若除去没有城市户口而仅居住"半年以上"的农民工，则真正享有城市正式市民身份的居民，就要大打折扣了。

一般地来看，在欧、美、日等先行工业化国家，乡村私有产权根深蒂固，尤其是北美，近代农场制遗留的乡村都很小，要集聚 2000 人或 2500 人以上的集聚区并非易事，由此意味着这个"门槛规模"以上的聚居区的居民一定是市民。中国的情形则不同，由于经历过大规模的集体化运动，乡村农民居住受到过集体化的系统干预，城市化未曾起步即有"数千人大村"，加之城乡户籍分割，即使 5000 人以上的"市镇"，多数居民也很难享受现代城市所应有的一般文明。许多小城镇居民，实际上属于"离土不离乡

另一个是城市功能尤其是其服务功

权威词典有关城市的解释，特别强调坊

一般拥有先进的医疗卫生设施、公用设

输系统，如此等等。"较为先进的基础设

如若按照上述"门槛标准"衡量，

还很难让人与城市联系在一起，至少算

城镇，充其量只能视为大的乡村。缺乏

现状。某些县城的基础设施之差，已给

口溜，现抄录如下：

垃圾基本靠风刮，

污水基本靠蒸发，

吃水基本靠人拉，

勘　误

因编辑工作疏漏，审稿过程中将个别词句错改，对此我们深表歉意。现经作者指出，更正如下：

1. 第 32 页第 4、5 段中，"2000 人居民"、"2500 人居民"及"5000 人居民"应分别为"2000 个居民"、"2500 个居民"及"5000 个居民"。

2. 第 91 页第 2 段中，"高出全国平均增速 3.4%，高出江苏 0.4%"应为"高出全国平均增速 3.4 个百分点，高出江苏 0.4 个百分点"。

供应基本靠农家，

……

若考虑到上述两个"中国现实"，并考虑到目前中国的城市化属于 21 世纪的城市化，那么可以毫不夸张地认为，目前中国城市化的滞后程度，要比统计数据显示的大得多。

中国城市化：沿海三大区域模式

中国城市化模式之争

何为城市化？

　　城市化涉及人类居住与生活的多个侧面，因此关于城市化的研究，吸引了多门学科的关注。粗略浏览一下国内外关于这个论题的文献，仅城市化概念的界定就有多个，涉及的学科多多：在城市规划学和管理当局那里，城市化被解释为某种"二重"的变化过程。权威的美国《世界城市》一书，将城市化解释为"一个过程"，并认为这个过程"包括两个方面的变化"：一是人口从乡村向城市的运动，并在都市中从事非农业工作；二是乡村生活方式向城市生活方式的转变，包括价值观、态度和行为等方面。第一方面强调人口的密度和经济职能，第二方面强调社会、心理和行为因素。实质上这两方面是互动的。中国住建部也有类似界定，认为城市化是"人类生产与生活方式由农村型向城市型转化的历史过程，主要表现为农村人口转化为城市人口及城市不断发展完善的过程"。在人口统计学家那里，城市化大多被解释为单纯的人口空间集聚过程，或人口由地域分散而集中的过程，是人口迁移的结果；在"行为主义者"那里，城市化被简单地解释为人类经济活动构成的变化，或简单地称之为经济活动的"非农化"；在历史学家看来，城市化就等同于城市发展，等同于人类文明的发展。社会学家更关注城市化模式与城市规模，地理学家则聚焦于经济活动空间的变化。在经济学家那里，城市化被解释为人类追求规模经济的结果，近年走红的新经济地理学则将其与产业集聚命题联系在一起。

但无论哪门学科，谈及城市化论题似乎都难以回避另一个进程，这便是工业化。原因盖在于这样一个事实：城市化与工业化天然地就联系在一起。历史地来看，城市化既是工业化的重要内涵，也是工业化的直接外延。说它是内涵，原因首先在于，没有工业化就没有城市化；离开城市化，工业化进程便失去方向，对工业化进程的评判便失去一个重要依据。事实上，要评判工业化进程，人口由乡村而城市的迁移，人类经济活动或就业的非农化，本身就是一个极其重要的指标。说它是工业化的外延，原因在于如下事实：一国工业化完成后很长一段时间，城市化还会继续推进，城市化实际上是工业化的延续与延展性扩展。

基于以上事实，研究城市化的最佳切入点，显然非工业化莫属。对于中国这样一个工业化接近完成、城市化正在进入高潮的国家而言，考察与审视城市化，工业化也当是个最佳切入点。本文的宗旨，就在于从工业化外延角度切入，在审视工业化区域进程的基础上，来考察与之伴生的城市化区域进程，由此鉴别出一些具有典型意义的区域模式。

中国城市化模式之争

城市化模式是个颇为混乱的概念，既有多学科的界定与分类，也有同一学科下不同角度的界定与分野。粗略归纳一下，目前学界关于中国"城市化模式"的分类，当不少于如下三种：

第一种以城市化进程中农民与土地、乡村的关系为线索，将改革开放以来中国的城市化分为两种模式，分称为"离乡不离土"模式和"离土不离乡"模式。并认为前一种模式下，进城农民依然与乡村土地保持着稳定的联系。后一种模式下，乡村土地及依附在其上的农民同时转化为"城市"范畴。有研究认为，前一种模式属于"基于中心城市集聚与扩散的模式"或"农民进城模式"；后一种模式属于"基于小城镇和乡镇工业的城市化模式"，两种模式正在出现对接趋势。

第二种以城市规模大小为标准。最早由费孝通教授的"小城镇论"引出，费孝通基于对苏南、温州等地 20 世纪 80 年代早期乡镇工业化的实地考察，提出"小城镇—大问题"论点，认为小城镇化与就地工业化是中国工业化与城市化的一种选择。沿着这个线索，此后相继有所谓"中等城市论"、"大城市论"、"大中小城市论"的论争。这些争执要么主张中国城市化应取中等城市优先模式，要么取大城市优先模式，要么取大城市与中等城市结合并重的模式。

第三种以城市集群为视野。有"都市圈化说"与"大城市多中心论"之分。其中"都市圈化"模式说，大体沿用了法国地理学家戈德曼的理论。戈德曼的"都市圈理论"系基于美国东北沿海地区城市区域实证研究提出，这个理论认为，世界城市化发展的大势是都市圈化，并据以鉴别出六个都市圈。近期国内有研究推崇这一理论，认为中国城市化应取都市圈模式，建立多个大的都市圈。与这一模式说相近的，则是所谓"大城市多中心模式"，其认为在一个城市内部或城市化区域，须有多个承担一定市功能的中心或"副中心"区域，有研究者甚至提出，这一模式应成为中国城市化的重要模式。

上述模式争论的焦点，实际上涉及两个大的问题：一个是城市化进程中农民与土地的关系问题；另一个是城市化所取城市规模问题。客观地来说，前一个问题涉及制度转型论题，尤其是农地制度与城乡分割的系列制度安排变革论题。后一个问题则属于城市化战略论题。在中国现行政治制度框架下，城市化战略基本由政府主宰，因此政府尤其是中央政府的意图至关重要。然而大量文献表明，在中央政府那里，关于这两个焦点问题的态度，一个较为含糊一个较为明确。具体来说，关于进城农民与乡村土地的关系，中央政府一直未有明确态度，现行制度安排仍然是属于计划经济时期的，以城乡分割的户籍制度为基础。现行农地制度下，农民若要真正变为城市居民，尤其是要进入城市正规部门就业，就须先行无偿放弃农村的土地乃至宅基地。这一点严重地制约着城市化的进程。相比较而言，关于城市化所重点发展的城市规模问题，中央政府的态度虽然非常明确，但却一直处在变化中。根据原建设部部长汪光焘的说法，改革开放以来中央政府在城市化方面的战略定位，至少有四次提法：第一次是1978年全国城市化工作会议，明确提出城市化应"控制大城市规模，多搞小城镇"；第二次是1980年国务院批示，明确提出"控制大城市规模，合理发展中等城市，积极发展小城市"的城市化"发展方针"；第三次是2000年"十五"规划，提出"大中小城镇协调发展"战略；第四次是中共"十六大"，提出"坚持大中小城市和小城镇协调发展，走中国特色的城镇化道路"。

与此同时，城市化在国家总体发展战略中的定位也因时而变，总趋向无疑在迅速提升。比如1998年中央开始将城镇化定位为解决"三农"问题的重要途径；2000年国家"十五"计划中首次将"积极稳妥地推进城镇化"作为"国家重点发展战略"之一；中共"十六大"则进一步提出："全面繁荣农村经济，加快城镇化进程"，同时提出，"坚持大中小城市和小城镇协调发展，走中国特色的城镇化道路"。"十七大"延续了这一提法，再次强调"要走中国特色城镇化道路，促进大中小城市和小城镇协调发展"。

沿海三大区，两样的"城市生态"

论及沿海城市化，最值得关注的，当是三个经济最为发达的大区域。这便是（1）包括了整个广东省乃至两个特别行政区在内的"大珠三角"地区，（2）包括了江、浙、沪两省一市在内的"长三角"地区，以及（3）囊括了京津冀和辽、鲁在内的"环渤海"地区。这三个地区是中国目前工业化及经济社会发展层次最高的区域，也是城市化走得最远的大区域。考察中国城市化尤其是沿海城市化，这三大区域是绕不过去的！

关于这三个大的地区的城市化，首先值得注意的是已有城市的结构及其变化趋向。略作一点实地考察与经验性分析，便不难发现，在这三个地区，不同规模类型与不同"行政级别"的城市之间，在结构上存在明显的差异。说得更清楚一点，沿海三大地区城市群中，大、中、小城市与"行政级别"不同的城市数量结构，存在明显的不同。若把一个地区的大、中、小城市系统比作一个"生态系统"的话，则三大地区现有城市群明显地呈现出两种类型的"生态系统"：一种是两大三角洲展现的类型。那里的大、中、小城市结构明显偏向中小城市。"城市生态"中有"大树"、有"小树"，更有茂密的"小草"。另一种是环渤海地区，那里的大、中、小城市明显偏向大中城市乃至"特大城市"（实为国外讲的大都会，即metropolitan），小城镇实际上在萎缩，城市"生态系统"显现出某种"大树底下不长草"迹象。大城市的膨胀与小城镇的破败恰成对照！

不仅如此，在我看来，环渤海地区不少小城镇的基础设施和环境状况，不仅不敢恭维，而且简直有些令人生畏，与现代城市生活相去甚远。有些县城名义上有"铁路干线"穿过，与京、津、沈等大城市"直通"，然而原本每天就没有几趟像样的火车停靠，随着近年火车提速与"动车组"的风行，停靠车次越来越少，由此正在与"火车时代"背道而驰。有些铁路沿线的县城，火车站多半成了摆设，一天也没几趟客车停靠，且乘车晚点出奇得多，时间出奇地长！等火车是件很不靠谱的事儿，出行多半还得靠汽车。由此与大城市的距离实际上是在拉远！更有甚者，部分受到"政绩欲"驱使，部分受经济利益驱使，地方官动辄折腾马路，折腾季节性河流，折腾"广场"。这中间的一个"著名"现象是：一茬茬地砍树，一茬茬地栽树，城市中多年长不起大树！若有大树那多半是从农村花钱搬来的。有位华北的学生告诉我，改革开放都这么多年了，他们县城大街上的树到现在也没有几棵长大。因为换一茬县官，就要折腾一次马路，砍一次树。当地百姓风传，县里搞苗木最赚钱，树苗生意后面有个"官商联动"的"利益链"！

如此小城镇，若再考虑到我以前转述过的关于小城镇百姓生活环境的几个"基本现象"（垃圾，污水，……）说，则环渤海"城市生态"链"末梢"的某些小城镇，"镇民"的生存状态，更不敢恭维了！这还不要去考虑小城镇社会治安问题了——这方面单讲一句就足矣：一个"偷"字了得！

沿海"城市生态"：两个基本事实

对于上述"城市生态"系统的区域特征及其差异，至少可沿着两个线索切入，看到两种事实。

一个是各地区不同"行政级别"与不同人口集聚规模城市的结构。我们知道，中国是个行政主宰的社会，虽然经过了三十年的市场化体制改革，但行政主宰依然未有松动，有些领域反而有所强化。因此理解中国的城市生态系统，不能忽视行政级别这个因素。我们知道，现行行政区划体制下的中国城市系统，大体上由直辖市、省会城市（及非省会"副省级"城市）、地级市、县级市、镇五个行政阶梯组成。较近的统计数据揭示，全国现有 50 万以上居民的城市 141 个，其中长三角地区占了 25 个。这 25 个城市按照"行政级别"可分为四个"阶梯"：第一个阶梯即直辖市，仅上海一个；第二阶梯即"副省级"城市，有 4 个（分别为宁、苏，杭、甬），第三阶梯城市即"地级市"，有 11 个；第四阶梯即县级及其以下城市，共有 9 个。其中江苏 5 个，浙江 4 个。

若将上述城市行政级别以罗马序数标记，同时将香港、澳门两个特别行政区纳入"大珠三角"范畴（可将两个特别行政区作为一个直辖市考虑，因为两者制度与贸易政策一致）。由此可将沿海三大区域城市阶梯结构分别做如下记录：

长三角地区：I（1）——II（4）——III（11）——IV（9）

珠三角地区：I（1）——II（3）——III（10）——IV（12）

环渤海地区：I（2）——II（5）——III（30）——IV（4）

同样的，对于环渤海区域之核心区域即京津冀的城市生态，可记作：I（2）——II（1）——III（6）——IV（0）。

从三个地区人口 50 万以上城市所构成的"城市生态"系统差异，便不难看到如下特征：无论在长三角还是珠三角，都有众多人口 50 万以上的"县级市"，其中长三角有 9 个，珠三角有 12 个。然而在环渤海地区的三省两市之广袤的地域，仅有四个 50 万以上的县级市！而在其核心地区即京津冀，连一个也没有！

这就是说，两大三角洲地区行政级别低端的城市能够长大，但在环渤海地区，行政级别低端的城市近乎消亡，或者至少可以说，那里的低行政级别城市"长不大"！

另一个是反映小城镇发展潜力的"强镇"在这三大地区的分布状况。这方面最有参考价值的数据，可能要数早几年国家统计局支持的那个"千强镇"数据了。值得留意的是，近年每年网上也有"千强镇"排名，但在我看来那些多半带有"山寨版"特征，可信度较低。真正称得上权威的，还得数早几年国家统计局的那个版本。按照那份调查统计合一的资料，中国"千强镇"的行政区划面积仅占全国小城镇总面积的 2.3％，人口占全国小城镇人口的 10％强，但它们加总所创造的财政收入，却占了全国小城镇的 54％以上，镇均财政收入为全国小城镇平均水平的约 11 倍；人均财政收入是全国小城镇平均水平的 5.2 倍，居民储蓄存款余额占到全国小城镇的近 40％。同样按照那份官方的"千强镇"排序（2006 年），2005 年在全国 1000 个"强镇"中，浙江、江苏各占 1/4 以上，加上上海，整个长三角地区占了 60％以上。珠三角广东一省占了全国的 12％。而环渤海五省、市仅占 11.4％。

就其平均规模而言，多数"千强镇"都有发展为小城镇的潜力。因此，"千强镇"的区域分布，不仅从一个侧面反映了区域小城镇总体发展的现状，而且预示着区域未来城市生态系统中小城市的发展潜力。

同样的，如果把城市群比作一个"生态系统"，一个由大树、小树及小草构成的生态系统的话，那么这个系统中的镇，就是小树抑或小草。同样沿着这个比喻考察下去，便不难得出结论：无论在长三角还是珠三角地区，"城市生态"系统中有大树、小树及小草，几个层次的"生物"，多半带有彼此依托、共存共荣的迹象。相比较而言，环渤海地区尤其是京津冀的情形则不然，那里存在明显的大城市乃至特大城市化倾向，城市生态中的"小草"、"小树"在枯萎，说得更形象一些，存在明显的"大树底下不长草"迹象！

城市化区域模式形成机理：三个重要视点

我们已经揭示，沿海三大工业化地带的城市化模式彼此明显不同，这种不同直接源自工业化区域路径模式的差异。论及工业化区域模式或者区域工业化，两个经济学研究命题当难以回避：一个是工业化的资本来源，另一个是资本与产业的空间集聚。前一个是发展经济学命题，后一个是空间经济学命题。对于我们所要考察的区域乃至整个中国经济而言，无论资本形成还是其空间集聚，都是工业化的核心命题，因此要对前述沿海三大区域工业化及其衍生的城市化模式差异做出合理的解释，梳理出各自形成的机理，明智的作法显然是将两个命题有机合一。若将两个命题通盘考虑，则将至少引出三个彼此相关的子论题：

（1）工业化的资本来源及其性质，具体到我们的问题则有内资、外资以及"民资"与"国资"之分；

（2）资本—产业集聚区位，具体到我们的问题则有城市、乡村之分；

（3）集聚变动或曰动态变化，具体到我们的问题则有乡村—城市向的抑或相反之分。这些子命题，可以作为分析沿海三大国有化地带工业化及城市化区域模式形成及演化的基本线索。

沿着这些线索，对于长三角地区工业化的资本命题，大体上可以用两个"关键词"概括：一个是"民资乡村集聚"，另一个是"投资进城"。所谓"民资乡村集聚"，就是工业化起步以及快速推进所需的资本，主要靠了民间筹措；资本与产业，最初主要集聚于乡村小镇。民间资本形成方式则多种多样，最初主要靠输出劳务和服务，后来主要靠输出商品和经营才能获得。这些资本早期无一例外地集聚于村镇，发展了繁荣的"乡镇企业"。后来在县、市政策以及"开发区热"的诱惑下，纷纷进城，形成了"投资—产业进城"的路径模式。

同样沿着上述线索，可将珠三角工业化快速推进中的资本形成与空间流动，归入两个"关键词"，分别为"外资城市集聚"与"投资下乡"。所谓"外资城市集聚"，指境外与境内别的区域的资本与产业移入本区域，形成最初的集聚。实际上，若将港、澳、穗等城市视为初始期的大城市，将深圳、珠海视为后来新造的大城市，则无论境外资本还是区外资本，都最先集聚于这些大都市。而后以这些城市为"跳板"流向周边中小城市乃至乡村，形成"投资下乡"的路径模式。

可以认为，无论是长三角（主要是江浙）的"投资进城"还是珠三角的"投资下乡",结果都归于一个普遍现象,这便是小区域的产业集聚。而恰恰是这种小区域产业集聚,形成了巨大的规模经济潜能,促成了众多的制造业集聚地带。

与两大三角洲区域工业化路径模式明显不同,环渤海地区尤其是京津冀工业化快速推进中的资本,主要靠了政府和国有部门的投资,最初散布于大中小各类城市,但其动态流动,则带有大城市化的倾向,中小城市甚至乡村资本纷纷涌向大中城市。因此可以"公有城市集聚"以及"投资流动大城市化"两个关键词予以概括。刺激与推动资本由乡村及小城市而大城市方向流动的因素,多半与两个现象联系在一起:一个是"国企"等公有企业改制乃至破产处置的"体制外"财富"避险式"转移趋向。不少案例揭示,中小城市的国企尤其是别的"公有"企业的改制,具有强烈的"体制外"财富集聚与转移效应,创造了一批游离于公有之外的"新富",而"新富"们多半具有将其财富由小城市"倒腾"往大城市的倾向。原因很浅显,只有在京、津这类大都市,那些"来路不明"或曰"灰色"的财富才感到相对安全。另一个是"户籍歧视"产生的财富流动与转移效应。这方面尤以北京对周边城市的效应为大,那些想方设法迁往北京等大城市的居民,都在有意或无意地向大城市转移财富与资源。

前面已论及,工业化路径模式决定着城市化模式。客观地来分析,恰是上述大区域工业化路径模式的差异,尤其是工业化中资本集聚与流动趋向差异,引出了三个工业化地带不同的城市化模式。具体来说,"大珠三角"工业化之"投资下乡"路径引出的城市化模式,带有乡村就地城市化与大中城市扩散并举的特征。纵向考察可以看出,这种区域模式的演化大体上经历了三个步骤的跨越:第一步为大都市的扩充与新都市的再造。经由香港的外资加上国内其他区域大量直接投资的注入,导致了深圳、珠海等新都市的崛起和广州等老都市的迅速扩张。第二步为大都市扩散,港、澳、深、穗四大都市的资本与产业的竞相下乡与"圈地",催生了一批"二级城市"的兴起。第三步为都市扩散与乡村就地城市化并举,珠三角四大都市与多个中等城市的资本与产业下乡，掀起"圈地"热潮，这个热潮中，要么将许多乡村就地转化成了市镇，要么将许多乡村变为大城市的工业郊区。

长三角工业化的"投资进城"路径模式引出的城市化，主要取小城镇集聚模式。与"投资进城"搅在一起的是"老板进城"浪潮，原本在乡村土生土长的一批批"乡企"老板，先将产业迁入大小城市的"开发区"，而后携家带口移往周边城镇，跟在他们后面的，则是大批来自农村的打工者，由此产生了持续的"老板进城效应"。恰是这种"老板进城效应"，为原有小城镇的繁荣与崛起以及原有中等城市的迅速扩张，提供了源源不断的能量。这方面的典型例子，前者早期有温州的龙港、鳌江，台州的路桥、黄岩，绍兴的柯桥等，近期最具典型意义的要数几座县城的聚合了。其中金华之义乌与东阳大有整合之势，而宁波的余姚与慈溪合建中心城已经开始实施。后者要属杭州和宁波。这两个城市，改革开放初期充其量只能算中等城市，但随着工业化与都市化的迅速推进，已经或正在跃入特大城市行列。其中杭州与宁波的经济规模，多年前已超过武汉这样的中部特大城市。而在苏南，小城镇集聚的典型区域无疑要数苏、锡、常了。

京津冀城市化：一个"北京情结"了得

环渤海区域尤其是其核心区域京津冀的工业化，以公有资本主导，以政府主宰的特征，城市化取大城市尤其是特大城市扩散的路径模式。但与珠三角的"资本下乡"引起的大城市扩散不同，这个地区的大城市扩散，主要属于已有都市的扩散，新兴都市扩散鲜见。这种模式的形成，除了工业化路径模式外，还受到别的因素的推动，其中最为明显的因素，可能要属已有制度安排衍生的"大城市情结"了。

整个京津冀乃至环渤海地区，存在强烈的"大城市情结"。不独企业经营者与政府官员，而且一般大众，都有着强烈的"特大城市情结"，都在不惜成本地想方设法迁入北京等大都市。位于这种情结顶尖的，可称作"北京情结"。凡是个人或自以为是个人物者，似乎都把进京视为人生第一奋斗目标。为了弄到一个北京户口，有花钱者，有卖身者，更多的则是弄虚作假者。由此演绎出的丑闻多多，因此被撂倒的官员也不在少数！

此种情结后面的原因，盖在于一个"机会"。在北京的机会要远远多于周边。不说"京官"、部委、央企等名目皆高过周遭地区，单是为子女上学及老人就医考虑，北京的机会也远盖过周边地区。经济学上看，人是自私而理智的动物，这种选择，完全是体制所催，合乎人的本性与本能。

相比较而言，大城市或特大城市情结无论在珠三角还是长三角，都显得要微弱得多。随便做点调研便不难得出印象，在这两个地区急着挤进大城市的人似乎不太多，至少没有京津冀那样紧迫。这方面爆出的丑闻也很少。这里一个重要的原因，在于这两大地区的核心与外围区域关系不同。在珠三角与长三角，核心区域——大都市对周边地区具有正的经济辐射效应，在京津冀，核心区域即大都市对周边地区经济的负效应要强烈得多。负效应集中表现在对周边资源的掠夺性吸纳上，这方面首当其冲的可能要数水资源了。单是一个北京，就几乎"吸干"了华北的水资源！连天津都得依赖跨流域调水，早先有"引滦入津"，后来有"引黄济津"。即便如此，也难以稍微缓解华北地区水资源严重短缺的困局，而不得东西并进"南水北调"。

上述"北京情结"及特大城市情结导致的区域城市空间结构，多半有些"大树底下不长草"的迹象。其中北京可谓最大的"大树"，它的畸形扩张形成一个巨大的"内核"，将天津及河北的一些大城市置于边缘位置。而几座大城市合力，则导致了一大批小城镇区域的进一步边缘化。后者要么归于衰败，要么难有长进。因为稍有成就的人才和形成规模的资本，都会涌向核心都市。

恰恰是这种大城市情结，尤其是"北京情结"，推动着北京房价一浪高过一浪的疯涨，扩大着"北漂"一族的规模。在全球大都市中，北京人均 GDP 尚排在后列，迄今尚不足纽约的 1/4。但房价已冲进世界级城市的前列。因为整个华北地区，甚至大半个中国的"先富"们，都有一种在北京买房置地的冲动！

（本文根据作者多次讲演整理而成，学术性关联文章请参阅作者学术论文《工业化与城市化：沿海三大区域模式及其演化机理分析》，原载《社会科学战线》2009 年第 11 期，《新华文摘》2010 年第 2 期转载）

中国城市化：三个空间散点的综合

问题的提出

做学问的人知道，好的作品得有感而发，但是"发"得有个平台。以前"左"的时代不能随便乱"发"，甚至没地儿"发"，现在可以随便"发"了。除了正式刊物，还有论坛，最方便的就是博客。当然发得看场合，学术的东西，高校是最佳场合。因为那里同行专家多，可以引出思想碰撞。

这次演讲原本准备的题目是"空间经济学视野下的中国产业转型升级"，昨天在上海大学讲的就是这个题目。空间经济学是我最近几年在做的一个方向，已有不少成果发表，其中和藤田昌久（Masahisa Fujita）教授合作的那本书[①]一经出版，还颇有些畅销的迹象。为什么做空间经济学呢？这可谓偶然中的一种机缘，从空间经济学专业视点看，是个人区位变动及学术交往圈子变动的结果，是

---

① 参见赵伟、[日]藤田昌久、郑小平等著：《空间经济学：理论与实证新进展》，浙江大学出版社 2009 年版。

"知识外溢"的结果。具体情形这里暂且隐而不论，以便直击主题。

这次邀请方想让我讲的题目，是关于城市化方面的。城市其实也是个空间经济学问题，也是我一直在关注的问题之一。前两年我曾写过一篇文章，题目叫《工业化与城市化：中国沿海三大区域模式及其演化机理》[①]。那篇文章把经济史、经济理论以及中国现实三方面知识结合起来讲了一种思路，就沿海地区的工业化理出了三个区域模式，归纳了各自的特征，梳理了各自形成的路径并做了比较。这次恰好可以顺势捡起这个话题，把我近期在这方面的思考理一理，看看能否做点拓展。

这里先列一个框架，按照这个框架讲下去，希望讲的过程中会有一些新思路冒出来。人一辈子不断学习思考就会发现，随着个人知识的积累，你能把各种知识揉到一起，再加上对新事物与现象的观察，新的信息，然后看问题就能有一种新的视野，新的想法。所以我选择了这样一个题目，具体哪三个视野这里先不讲，一个一个地讲出来，给大家一种"悬念"，一种思考和遐想！

城市化：三个专业视点及其缺失

城市化是一个多学科聚焦的对象，但是哪一门学科对于三个问题都是难以回避的，三个问题姑且用英文三个 W 表示：第一个 W 即 What，什么是城市化？先得有个定义，各门学科回答不一。第二个 W 是 How，城市化是怎样推进的？这引出城市化的路径模式问题。第三个 W 即 Why，就是为什么会发生城市化，驱动因素（driving forces）是什么？什么力量推动着城市化的发展？

我先归纳一下非经济学科对 What 的回答。首先是城市学，它把城市化界定

----

① 原载《社会科学战线》2009 年第 11 期；《新华文摘》2010 年第 2 期全文转载。

为两个进程：一个是人口由乡村向城市的空间移动；另一个是人们生活方式的转变。也就是人口由乡村向城市的移动和人们生活方式由乡村变为城市两个过程的合一①。人口统计学把城市化界定为人口空间集聚的一种过程。结构主义则将城市化界定为人类经济活动结构上的变化，主线是"非农化"，那以前经济活动主要是农牧业，后来是非农业，包括二产化、三产化或者所谓"服务业化"等结构变化。行为主义者撇开人口地域组合，强调人们生活行为的变化。城市居民的生活行为和乡村不一样，连走路都得按照警察画的线路走。历史学把城市化看成文明演化的形式和结果，澳大利亚历史学家柴尔德（V. Gorden Childe）就持这种观点，他的书（《欧洲文明的曙光》，1925；《青铜时代》，1930；等）影响了好几代学者，他把城市演化等同于文明进程②。这些，是非经济学学科对城市化的界定。

那么经济学对于城市化是怎么定义的呢？经济学直击城市化论题的分支学科有三个：第一个是韦伯所开拓的工业区位理论。按照工业区位理论，可将城市化视为非农经济活动区位选择的结果。因为在韦伯眼里，近现代城市不过是工业区位选择的结果，先有工业选择，后有现代城市；第二个是城市/地域经济学，这个就宽泛了，大部分研究者实际上将城市化视为经济活动空间结构变化的过程与结果；第三个是新经济地理学，把城市化视为集聚的结果。新经济地理学用得最多的一个"关键词"是"空间集聚"（spatial agglomeration），任何经济活动都倾向于空间上集聚，企业和人都有扎堆而居的倾向，分享"空间外部性"。从这个视野也可对城市化进行界定。

关于第二个 W（why）即为什么会有城市化，经济学各个分支给出的答案基

---

① 参见《世界城市》；国家建设部《城市规划基本术语标准》沿用。

② 参见 V. Gordon Childe. Wikingpedia the Free Encyclopedia: http://en.wikipedia.org/wiki/V._Gordon_Childe

本上是一致的，这便是效率寻求。说清楚点就是把城市化的首要驱动因素视为效率寻求（efficiency seeking）。城市的生产率比农村高，也就是资源配置效率高，这是所有关于城市化的经济学视点的一个一致的切入点。进一步看，还有空间外部性（spatial externalities）。当代空间经济学鉴别出的外部性有三种，分别为MAR（马歇尔－阿罗－罗默）外部性，雅各布斯（Jacobs）外部性，以及波特外部性。三种外部性都是集聚和城市化的结果，尤其是雅各布斯外部性，本身就是以城市化那种集聚方式切入审视外部性的。

沿着效率寻求，经济学三个分支学科测度城市化效率用得最多的指标，无非是全要素生产率（TFP）、要素的边际收益率等指标。具体说就是劳动工资如何？资本的收益怎样？土地的收益怎样？如此等等。一般情形，大城市、同一城市的中心区要素的收益就高。故而可以认为，经济学各分支把城市化的动因归为效率寻求，没有效率的城市一定会消亡的，历史上解体了的城市，一定是那些失去了效率的城市。

经济学关于第三个 W 即 how 的答案是多样的。具体到上述三个分支学科，虽然关于城市化的动因视点一致，都强调效率，但围绕怎样去搞城市化之类问题的答案则明显不一致，有些方面分歧甚至很大。分歧多半源自对城市化选择主体的认定上。所谓选择主体，就是在城市化进程中，谁来选择？是政府，是企业，还是个人？究竟应该首先遵从哪个主体的意愿？是遵从政府意愿？政府先规划个城市，设立企业、商城和居民住宅去，每家分一个居所，形成城市，这是计划经济时代的流行做法。前苏联做得最夸张，后为中国跟进。或者是尊重个人选择？有人愿意去纽约、去波士顿或费城甚至洛杉矶，还有人就愿意待在乡下当农民，这是他的选择，政府无权干预。这在美国可行，在中国以前不可行，目前的可行性在增加。

三个经济学分支学科强调城市化选择主体不一：产业区位理论强调工业家的

选择。沿着韦伯的视野看，那些想制造某种产品的人会选择好的区位。城市与地域经济学方面有研究强调政府主宰与规划，有些政府与规划"万能"的倾向。但在中国"鄂尔多斯"现象——房地产泡沫破裂变"鬼城"发生后，需要重新认识政府与规划主宰的做法。空间经济学之 NEG（新经济地理学）强调个人选择。NEG 实际上暗含了这样一种意境：尊重个人意愿，让个人选择，结果一定是好的。具体到城市化，有些人特想住到上海，有些人还特想住到西藏或内蒙古呢。自己选择去西藏或内蒙古的人他不会抱怨，一定认识到在西藏或内蒙古自己的价值要大于上海。像计划经济时期让上海"知青"去往新疆或内蒙古，违背个人意愿，效率不会太高的。NEG 强调的个人选择，还包含了与人联系在一起的非劳动要素流动，主要是资本要素。因此选择是要素所有者的个人选择。这给 D－S 模型（迪克西特－斯蒂格利茨模型）刻画得很形象。D－S 模型蕴含着这样一种意境：一单位劳动同时包涵了一单位资本以及一单位的消费，劳动、资本与消费者效用"三位一体"。这样集聚实际上是基于单个个人选择基础上作出的。这样去看企业选择，你得顺应个人偏好或意愿，企业家可以决定把企业办到什么地方，这是他的意愿，但他在做这个决策时，首先得考虑能否招到他所需要的人手？后者则是个个人选择问题。

进一步看下去，经济学三个学分支关于城市化选择主体，多半缺了两个"特定"的"外生变量"，分别为特定时间和特定空间。合起来就是"特定的时空"。任何国家、任何地区的城市化，都是在特定的时间与空间发生与演化的，这一点不言而喻。同样不言而喻的是，考虑到特定的时空，18 世纪到 19 世纪初期的英国城市化和 19 世纪中期到 20 世纪初叶的北美及欧陆的城市化不一，甚至同一个国家同一个地区不同时期的城市化演进模式也不一。

考虑到这两个特定的因素及其结合的寓意，可以这样去看，同一个地区或国家的城市化选择主体，究竟是政府占优、企业占优，还是个人占优，因时而异。

此一时也彼一时，不同时代截然不同。封建时代、计划经济时代一定是统治者和政府选择，无视个人意愿。我们所处的这个时代和那些时代不同。就是说，谈选择主体得考虑时间维度。还有空间维度，这里说的是空间范围大小。中国绝大多数人以前的空间视野，多半不超出其生活的那个村子周边 5 公里范围，他一生的梦想也就是进县城做个县城居民。后来人们可以外出打工、自由迁徙，活动空间和范围大了，他的梦想也许是进省城或"铁岭"之类的大城市，再后来是北京或上海，但怎么也跑不出中国的。然而到了本世纪第二个十年，也就是"90 后"一代人立业成家的时代，普通中国人的空间视野与活动范围骤然扩大了，超过了以前所有时代。"90 后"一代人的空间就是全世界！因为他们这一代普通人坐飞机出国也成了家常便饭，世界变小了，空间变小了。

所以我一直在考虑时间和空间维度的变化对一个人、对一个地区甚至对一个国家发展的意义，其影响可谓太重要了。我们每个人对于我们所处的时间维度是没法改变的，但是空间维度是可以改变的，空间改变意味着现在接触的人和物与以前不一样了。很多人空间改变就成功了，不改变死路一条。从经济学的视点看，空间改变可以提高效率，何乐而不为？但是效率提高究竟是谁发现的，是政府，是企业，还是个人？谁对单个个人的价值最关心？这样看下去，迄今关于城市化的理论视点是有缺失的，迄今的理论多半未曾给特定时间及特定空间维度以足够的考虑。因此需要引入时间和空间这两个维度来重新审视城市化。

时下国内"学院派"经济学研究有个偏向，这便是强调技术方法。一讲就是空间计量模型，多半拿来国外工作论文（working paper）尚不怎么成熟的计量模型，把中国数据套进去计量。我不明白这样算出来的结果有什么用？实际上那是最低端的！拿中国的数据套用外国的模型，而不考虑中国与发达国家巨大的差异，尤其是时空差异，能得出好的结论吗？客观地来看，左右我们世界并决定未来发展方向的是那些有号召力的思想或理念，即英文讲的 idea。因此思想是第一位的。第二位的是设计，即把一种思想设计成得以付诸实施的蓝图。第三位的是技术，它是实现蓝图的手段和方法。第四位是制造或者付诸实施的那帮人，这是最辛苦的，但也是获利最少的。像苹果公司的 iPad，整个价值链中，制造是最辛苦的，但分享的收益最少。因为最重要的是理念和设计，理念是乔布斯等几个高端人才的，设计是他们雇人搞出来的，制造是由中国企业完成的。故而售价299美元的"平板"，"中国制造业"只赚到十几美元。

时下我们的大学缺乏的是理念思想或创意，是创新思维，大家都争着做计量，停留在制造层面，也就是低端层面。所以说我们要有理论，没有理论就没有好的基础。我这里想做点尝试。

简而言之，我的目的，就是试图引入特定时间和特定空间维度来审视中国城市化，尤其是城市化主体和政府政策着力点等问题。时间维度就是我们所处的时代背景，最大的背景是经济全球化新阶段。空间维度就是中国城市化须面对的迅速扩大着的空间范围。接下去，这种变化对城市化究竟意味着什么，改变了哪些约束条件？进而，约束条件的改变对城市化选择主体的意义，是增加了个人选择余地还是政府与企业的主宰与主导地位？最后，城市化进程中的政府政策，旨在打造一流城市或增加城市效率的政府，究竟应将着力点放在哪儿？是遵从个人选择意愿因而增加个人选择空间，还是强化别的主体的强势？

城市化：一个个人"自选择"视点

我向来认为，做任何专业工作，三方面知识缺一不可：第一个是理论，没有理论你看不到现象后面的东西和联系；第二个是历史，没有历史知识你无法形成动态视点；第三个是现实观察能力。

搞学术研究更是不能缺少理论。理论先从空间经济学说起。前面已论及，空间经济学强调个人选择，个人既是要素所有者、生产者也是消费者或曰效用的追求者，是个"三位一体"的概念。这里先撇开早先 NEG 经典模型即 D−S 模型引出的"核心—外围"模型，直接从最新研究文献说起。新文献层出不穷，但和我们主题贴得较近且很有启示的理论，当首推威纳布尔斯提出的理论模型，叫做"劳动者空间自选择与城市分层"。[①] 先介绍他的理论模型。和任何经济理论一样，模型从假定开始，假定：

——全部工人分为两类，分别为高技能的 H 和低技能的 L；全部城市分为两类，分别为生活费昂贵的城市 1 和生活费低廉的城市 2；劳动者在各自选择的城市中随机搭配。

——匹配与产出：两名高技能工人 HH 搭配，产出为 QQ；两名低技能工人 LL 搭配，产出为 qq；一名高技能工人 H 搭配一名低技能工人 L，产出 Qq。

——结果是，两名高技能工人搭配的产出，大于一名高技能工人与一名低技能工人搭配的产出，后者产出则大于两名低技能工人搭配的产出。

由此引出的问题是：哪类工人住在哪座城市？比如你选择住在上海还是江苏无锡？上海房子贵，物价也高，生活成本高，因此是这里假定的城市 1。无锡房价、服务价格以及生活成本都要小许多，因此是这里假定的城市 2。

遵从前述假定，一般的情形是可以推断的：高技能工人 H 倾向于选择上海。因为上海高技能的人才占总量的比重较高，找到同样技能或水平相当的合作伙伴的概率较高。而高技能工人彼此都存在近乎相当的"知识外溢"，相互学习的知识收益较大，故而两名高技能工人搭配的产出较高，足以弥补城市 1 较为昂贵的生活成本，甚至还可能有剩余。

按照上述假定作进一步推断便会得出结论：一个城市集聚的高技能人才越是

① Venables, Anthony J. Productivity in Cities: Self-selection and Sorting. *Journal of Economic Geography*, 2011,11(2):241-251.

多，这个城市的生产率就越是高，城市"向心力"就越是大。反之则低。

再看两类工人住在城市 1 或者 2 的价值。所谓价值就是他的产出价值。高技能工人住在这两座城市中任何一座的价值，既取决于他本人的技术能力，也受他找到与其能力相匹配的合作伙伴的可能性大小的影响。对于高技能工人而言，他找到同样技能的合作者的概率越高，产出就越高，自身价值就越大。

低技能工人的价值决定则不同，他找到比自己能力高的人的概率越高，得到的知识外溢越多，存在的价值就越大。

这样一来就有个问题，什么问题？人人都愿去大城市居住。打个比方，在上海，高技能的人数众多，高技能人才之间匹配的概率就高，因此劳动生产率水平也就高。这不成问题。但低技能的人也会看到这种好处，他也愿意去上海，而不愿意去无锡。结果会不会是大伙都跑大城市，而不愿意住在中小城市？当然不是的。

解决这个矛盾的重要变量是城市间的生活成本差异。说具体点，就是特定城市劳动者产出与其在那座城市的生活费用（成本）之间的权衡决定的。虽然低技能的人住在上海产出也会高些，但上海生活成本远比中小城市要大。劳动者在选择居住地时，会考虑他的预期收入与所在城市生活成本之间的差异。

可以这样去推断：若城市 1 的生活成本比之城市 2 更高，则多数高技能工人就会倾向于选择在城市 1 居住，而多数低技能工人会倾向于选择在城市 2 居住。原因很简单，大多数低技能工人在城市 1 所创造的价值较小，因而其收入不足以弥补住在城市 1 的生活成本。作为理智的人，他会倾向于选择在城市 2 居住。

进一步的推断是，随着城市规模的扩大和生活费用的上涨，高技能人才倾向于迁入城市 1，低技能工人倾向于迁入城市 2。到一定程度，城市 1 可能会吸引到全部的高技能工人和一部分低技能工人，城市 2 吸引到的全部是低技能工人。但也会有物极必反的"拐点"，当城市 1 的生活成本过高时，连一些高技能工人也会"逃离"，迁往城市 2。

上面是新经济地理学的最新理论，现在结合我们中国的城市化现实，来看看理论的妙用。

这个理论的寓意何在？最重要的寓意是，生产率－生活成本差异刺激着技能有别的个人集聚于不同的城市，并导致城市分层，将城市分为两类：一类是高技能者比率较高因而生产率较高的城市，另一类是低技能者比率较高因而生产率较低的城市。

从劳动者技能差异到城市差异之间的关联来看，这实际上是个异质性传递与放大的过程。先是劳动者技能异质性，这个异质性引出劳动者匹配的异质性，后者引出生产率异质性，进而引出城市异质性。沿这个思路可朝着贴近现实世界的方向拓展。

现实世界的劳动者技能并非分为两个层次，而可分为多个层次。可以这样推断：无论 H 还是 L 都可细分出几个层次。假定 H 分出三个层次，即 H1，H2 和 H3。L 分出两个层次，即 L1 和 L2。沿着同样的逻辑可将城市分出五个层次，城市生产率也相应形成五个阶梯。套用中国城市可以这样去设想：北京、上海属于"一级城市"，那里集聚的 H1 最多；广州、杭州、南京等沿海城市属于"二级城市"，那里集聚的 H2 最多；武汉、成都、西安等内陆城市属于"三级城市"，那里集聚的 H3 最多；别的中西部省会城市属于"四级城市"，集聚的 L1 最多；其余城市属于"五级城市"，集聚的 L2 最多。这样城市分为多个层次。这种分层对于城市化的现实意义是，每个城市规划都得考虑你这个城市的定位问题。是吸引顶级人才 H1 还是别的级别的人才？

进一步来看，这个理论暗含了一个前提：个人具有充分的空间选择自由。现实世界则不然。现实世界的情形是，个人在选择工作与居住地方面受多种因素制约。不同技能的人空间选择自由度不一，选择范围不一。一般而言，低端劳动力选择余地最小，越是高端人才选择自由度越大。这意味着城市化得考虑用什么条件去吸引什么样技能的人才。

还可以这样推断，顶尖的高技能人才对于一个城市生产率的影响可能呈几何级的。如果一个顶尖高技能的人才从一个城市迁走，他所能影响的就业要比别的高技能人才多得多。比如阿里巴巴的创始人、苹果、三星等高端人才，他们迁移到那儿，多半都会在那里折腾出一个不错的行业，解决许多人的就业。如此等等。当然这类人影响的就不仅仅是就业，还有城市 GDP。这个在中国城市竞争中很重要。

按照这个视野看下去便不难推断，中国城市化的城市定位应是多样的，不仅应打造一些对于高端人才具有吸引力的城市，而且还应建设一批能使普通劳动者安居乐业的城市。尊重或着眼于个人意愿，扩大个人选择范围，增加个人迁徙自由，当是城市化进程中政府政策一个重要乃至基本的着力点。

中国城市化：一个经济全球化视点

上述推理主要基于理论。光有理论还不行，还得考虑中国现实情境，首当其冲的现实是我们的城市化所处的时代背景。这样就转到另一个问题上，即时间或时代与个人选择的空间自由度。我们这个时代究竟是个什么样的时代？就经济人活动的空间范围来看，是个经济全球化的时代，是个全球化的新阶段。全球化是国与国之间不断强化的经济整合，这是一般的界定。但我们所处的这个时代，也就是中国城市化掀起高潮的这个时代，全球化都有哪些特点，发展大势何在？这些发展对于我们的生活将意味着什么？对于中国的城市化将意味着什么？

这方面有两部文献值得一读：一部是美国专栏作家托马斯·弗里德曼写的《世界是平的》，副标题是"21 世纪简史"。这是本基于现实观察的非学术著作。另一部是瑞士日内瓦研究生院理查德·鲍德温教授的文章，标题是《全球化第二次非捆绑化之后的贸易和工业化：怎样建设及参与供应链意义不同，何以重要?》①。

两部文献的视角相近但观点不同。弗里德曼按照电脑软件分法把全球化分为三个"版本"（version），实际上是划分了三个阶段：第一个阶段即他所说的 v. 1.0。从 1492 年到 1800 年代。很清楚是从哥伦布发现新大陆到英国工业革命。认为这个阶段的全球化主宰力量有三个，分别为国家的实力、军事强权尤其是海军的实力以及"帝国主义"。其中最后一个是一种理念，什么理念？就是霸权理念，我说了算的那种理念。第二个阶段即他所说的全球化 2.0 版，自 1800 年代到 2000 年，也就是从英国工业革命开始（1760 年）到 20 世纪结束。全球化的主宰力量是跨国公司和大企业。故而哪个国家有称雄世界的跨国公司和巨型企业，哪个国家在全球化中就占有先机。相对前一个阶段，军事实力不重要了，蛮不讲理的霸权和帝国主义理念越来越难以被国际社会所接受。到了 20 世纪后半期尤其是随着"冷战"的结束，世界范围内国与国之间的经济交往越来越讲规则。第三个阶段即他所说的全球化 3.0 版。时间上自 2000 年开始，目前还在推进。

这个阶段全球化的主要动因是互联宽带网为纽带的各种创新。包括个人电脑、电子商务、外包（outsourcing）和无所不能的离岸（offshoring）。按照弗里德曼的说法，由于这类创新，世界"被碾平了"②。这个阶段，大企业的优势在丧失，小企业的优势迅速提升。国际分工由产业、行业与最终产品细化到产品部件及工序层面。一个全球性的以互联网为纽带的竞争合作平台得以形成，由于这个平台，各种信息与金融资产以光速在流动，小企业乃至个人都可参与全球分工。由于这个平台，个人想法很容易变成产品，小企业很容易变成大公司。这方

①　*Trade and Industrialisation After Globalisation's 2nd Unbundling: How Building and Joining A Supply Chain Are Different And Why It Matters*，NBER Working Papers 17716. http://www.nber.org/papers/w17716

②　他列举了"碾平世界"的十个因素，此处仅选择其中的经济与技术因素。

面最引人瞩目的例子，还是乔布斯的苹果。iPad、iPhone 等当初也就是一种想法，经过设计变为蓝图，通过各种"外包"开发出或者买来各种技术，最后通过"外包"制造出来。仔细想想，如果没有互联网、外包和电子商务，谁能在短短几年时间把一家小公司做成市值世界第一？

可以这样看，在这个 3.0 版的全球化时代，由于有了互联网，距离不再重要，一个人哪怕是在偏远的西藏，他要有个好的思路（idea），只要能上网，在网上一发布，一夜之间全世界都会知道。假定是个很好的专利，就会有"风投"行家看到，有人愿意投资，接着就会有设计及研发机构愿意合作，还有人愿意代理销售……如此等等，很快就会弄出一个世界级的产品和企业。进而通过外包、上市与离岸经营等操作，在不太长的时间内就变为市值很大的公司。另一方面，一些巨型公司，由于管理不善或别的原因，失去了创新与生命力，一个纰漏或质量丑闻，一昼夜全世界都会知道，会轰然倒下的。

鲍德温在这个论题下写了好几篇文章，提出一个"新的非捆绑化阶段"（new unbundling stage）说。他也将经济全球化分为三个阶段，分别为（1）消费和生产捆绑阶段，即世界贸易无足轻重的时代；（2）消费与生产非捆绑化阶段，即国际贸易迅速发展，使地理上一地生产另一地消费成为可能；（3）新的非捆绑阶段，即生产与生产的地域分离，同一个产品的众多零部件生产在地域上分离。他这种划分主要在于强调国际贸易规则需要因时而变，原来基于最终产品贸易的规则，难以适应时下大量中间产品贸易了。

这样我们看到，无论按照弗里德曼的划分还是按照鲍德温的划分，都意味着我们所处的这个时代，是经济全球化的一个新阶段。这个阶段无论对于中国普通民众还是高端人才而言，有一点是一致的，就是空间视野的骤然扩大。中国人的空间视野从未像现在这样宽阔。全球化新阶段对于我们的意义是什么？是全球范围的选择，因为全球范围的约束条件变了，个人选择空间急剧扩大。以前的时代，单个中国人出国闯天下是近乎不可能的，大部分人根本没这种机会。全球化新阶段提供了这样的机会，以前有辆自行车活动半径也就是 5～10 公里，现在有了汽车，随便就是 100 公里。还有不出家门只要上网就可做生意、搞研发，可以参与全球化。然而这仅仅是个开始，下一步要来的将是"无所不能无处不有的移动"（mobile everywhere!）。这是 Yahoo 新总裁 Mayer 说的。实际上不要太长时间，未来 3～5 年间，许多业务都将通过手机或移动设备上网完成。将会有移动办公室、移动家庭管理、移动诊病，等等。一个人无论处在哪个地点，只要能上网，有一部手机即可满天下跑，操控遥远地区的经济与贸易活动。这样一来，空间、距离不再重要，政府要管住单个个人很难。最明智的做法，是顺应人的天性和时代大势，增加个人空间选择余地。

若考虑到诸如此类的"时代背景"或时间维度，尤其是这个维度对于空间维度的意义，那么以往那种片面遵从政府意愿而忽略个人选择意愿的城市化模式，将会淡出。有望获得成功的城市化模式，将是那种顺应时代大势因而充分遵从个人选择意愿的模式。

中国城市化：一个"泛"核心—外围视点

从时间纬度切入审视了城市化后，现在来看空间维度。空间上沿着 NEG 之核心—外围视野，可理出一种"泛核心—外围"范式，分出多个空间层面的"核心—外围"架构。

首先是两个层面：一个是全球经济的核心—外围分野。全球经济有三大核心，分别为北美、欧盟和东亚。三大核心在全球经济中的分量分别是：北美占 1/4 左右，欧盟占 1/4 到 30%，东亚占 23% 以上。三大核心加总占全球经济总量的 3/4 以上，是世界经济的真正主宰者（见图 1）。

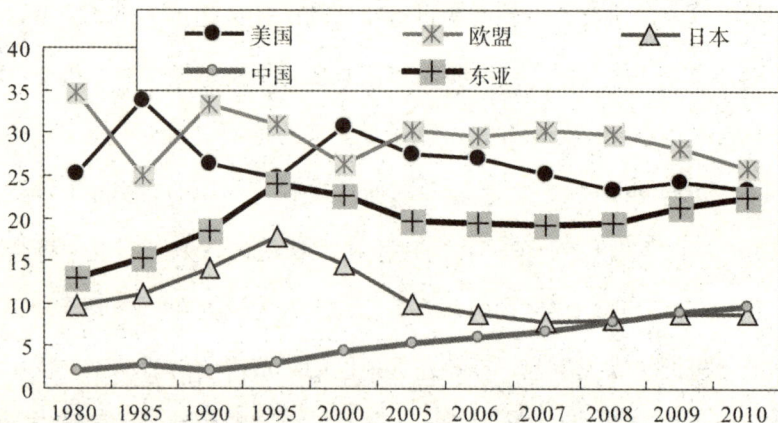

图 1　世界经济三大内核相对规模变化（1980—2010）

（占全球 GDP 比重：%）

资料来源：World Bank databank（related years）.

另一个是三大核心内部的空间架构，每一个核心内部都有核心—外围分野。其中北美经济的核心是美国东西海岸两个带状区域；欧盟经济的核心为德、法、英一线及卢—比—荷一块；东亚经济的核心由中、日、韩三国分享。这里值得一提的是，东亚经济实际上由"两大两小"四块构成，笔者早先的研究将其称作"菱形架构"。"两大"即中国和日本，几年前两国名义 GDP 规模几乎相当，都接近 6 万亿美元。2011 到 2012 两年中国经济快速增长，日本经济继续徘徊，加上人民币升值与日元贬值的货币汇率反向变化，结果中国远超日本。最新数据显示，2012 年中国名义 GDP 8.22 万亿美元，日本 5.96 万亿美元，中国已高出日本 37.9%。若按照 PPP（购买力平价）汇率计算，则中国经济规模相当于日本经济的 2.68 倍①。

理论上说，这样划分核心与外围既和新经济地理学经典模型不同，也与 20

———————

①　2012 年中国 PPP 汇率计算的 GDP 大约为 12.4 万亿美元，日本为 4.6 万亿美元。据 Wikipedia, a free encyclopedia 有关词条数据。

世纪中期一度流行的发展经济学之依附理论（dependancy theory）不同。我们知道，新经济地理学经典模型之核心—外围分野定位于产业层面，考虑同一产业的集聚与扩散因而核心与外围。20世纪中期部分发展经济学家按照人均GNI划分，把高收入的发达国家归入核心，而将低收入的发展中经济体归入边缘，认为前者的发展是靠了后者廉价资源的支持。后来还分出介于二者之间的"中间地带"，称作半核心（semi-core）。这里我们首先考虑的是经济体总量，这和重力模型（gravity model）建模思路一致。重力模型的基本逻辑是，一个经济体越大，其贸易规模因而全球或地区经济影响也就越大。

实际上这里还可同时考虑经济总量和人均GNI两个指标。可将一国经济总量视为经济活动的强度，而将其人均GNI视为经济活动密度。就中国经济在全球经济中所占地位来看，中国挤进全球经济核心主要靠了经济活动的强度而非密度，即经济总量比较大，但人均GNI比较低（参见图2）。故此可以说，中国属于一种不稳定的核心。人均GNI恰恰处在所谓上中等收入区间，既有突破"中等收入陷阱"跻身高收入经济体之列的可能，也有跌入这个陷阱徘徊不前甚至倒退回去的可能。所以说是不稳定的核心。

GDP (PPP) Per Capita

图2 全球人均国民收入分布（US＄5万；US＄3万；US＄1万，US＄1千）

资料来源：http://en.wikipedia.org/wiki/File：GDP_PPP_Per_Capita_IMF_2008.svg

按照核心—外围分野再看下去，中国经济本身也存在多个空间层面的核心—外围。全国经济沿海地区是核心，内陆是外围；沿海地区看，环渤海、珠三角和长三角等三大工业化地带是核心，别的地区是外围。而就每个核心区域来看，还可分出核心与外围。比如在长三角地区，上海是核心，江浙为外围，在浙江，杭、甬是核心，别的地区是外围。如此等等，可形成一种泛核心—外围视野。

有了这样一个泛核心—外围视野，同时有了前面引入的劳动者自选择与城市分层理论，现在把两个视野结合起来看中国的城市化。可以认为，我们的城市化是一种不稳定的核心内部的城市化。在全世界范围内，中国的城市化发生在一种核心与外围过度的地带。这意味着，我们的城市在竞争高端人才方面，受到全球稳定核心地带城市的挤压。那些技能特高因而个人自选择能力特强的人，亦即全球顶级高端人才，多半青睐北美和欧洲核心地带。因为在那里容易找到与其匹配的合作者，因而自身价值较大。实际上就连中国此类人才，一旦技能提升到较高程度，有了自选择的足够能力，也倾向于跑出去。别的行业不说，经济学研究领域，有中国人刚在顶级杂志（如 AER）上发了文，国内高校给教授不要，宁可去北美高校做助理教授！所以在国外高技能者中间，中国人越来越多。中国的核心地位是不稳定的，以个人自选择和城市分层的理论视野来看，即便中国的顶级城市，对高端人才的吸引力也是难以和那些稳定的核心地带（北美、欧洲）的城市相比拟的。

两个视点合不难推断，中国城市化中得有适合自身发展现实的好的城市定位理念。我们的城市化，外部既受到全球稳定核心地区那些顶级城市的挤压，又受到稳定核心地区一些二、三流城市的竞争，还受到东亚核心城市的竞争，其中香港特别行政区和内地"一线城市"间的人才争夺就是个现实存在。可以把这种竞争纳入多空间维度分层的核心—外围框架：外部三个空间层次，第一层次是全球经济，第二层次是东亚经济，第三层次是大陆及台湾、香港、澳门地区经济。内部至少能分出五个空间层次：（1）大陆及台湾、香港、澳门地区经济；（2）大陆地区经济；（3）跨省市区域经济；（4）省市经济；（5）跨县市经济。每个层面都有若干个城市，这些城市本身就是核心，每个城市都有个定位问题。

无论怎样定位，都得考虑劳动者空间选择范围的扩大以及城市异质性等现实。这方面，前面拓展了的理论，即从劳动者技能异质性细分到城市生产率异质性细分，不失为一种好的视野。

中国城市化：一个综合视点

再回到前面提出的三个问题，这里先归纳一下。

首先是城市化界定，城市化是什么？按照新经济地理学视点，这是个个人空间自选择的过程与结果，那些向往城市并在那里能够获得较高经济价值的个人迁移和聚集，是城市化的最基础和最具可持续性的动因，城市化不是靠政府和企业家强制的。

其次是城市化何以发生？经济学家们几乎一致看重的是效率寻求，偏向要素所有者空间选择的收益。新经济地理学分析偏向个人选择。一座城市资源配置效率低下，高技能劳动者机会少，就会迁往别的城市，那儿产业就会消亡。

再次是城市化何以推进？基本的结论是尊重个人选择，给个人尤其是高端人才以越来越多的选择机会。基本的原因是，全球化新阶段使人们的空间视野急剧扩大，互联网和移动上网技术外加各种形式的电子商务，给人们空间选择提供了前所未有的机会。有才能的人，有思想的人是限制不住的，他们的空间选择是不受国境限制的。

中国城市化处在一个特定时间维度和迅速扩大的空间维度下。改变这两个维度的最重要因素无疑是经济全球化。有了全球化，你可以足不出户和全天下的人交流、做买卖、赚钱，这是以往任何时代所不具备的。以全球空间视野来看，中国虽然有"北上广"此类大都市，但是和纽约、东京或者伦敦、巴黎比起来差距甚远。早先基于观察的分析我写过一篇随笔《城市的实力与魅力》（载《新京报》2011年7月16日7版），那里引用了一个排序，中国排名靠前15位的只有香港特别行政区。中国的"北上广"等大城市一个都排不上。原因是有些指标无法和世界一流城市去比。别的不说，单是通达性、文化多样性、宜居性和生态环境这几个指标，内陆的大城市就很难跻身全球前20位。这样一个空间维度来看，中国城市化须直面世界一流城市及城市群的竞争、挤压。争什么？首先是高端人才。高端人才各个城市都青睐，这类人选择空间涵盖全球。

如此分析的政策寓意也是不难提出的：我们的时代赋予个人越来越多的空间上选择的自由度，中国人的空间视野从未有过这样宽广。政府主宰人力资源配置因而人口流动越来越难以为继。旧的离土不离乡或离乡不离土的中国城市化"经典"早已过时。

城市化需要政府干预，规划是必不可少的一环，但城市规划必须贴近民意，扩大个人自选择空间。这不仅是全球化新阶段促成的一种大势，而且也是中国城市化与制度市场化转型合一进程的必然结果。市场配置资源更有效率，以前主要考虑行业与企业之间的配置，空间方面，NEG打开了一扇新窗户，空间上也有个均衡问题和最优问题。要达到最优或者实现资源的有效率配置，就得尊重个人选择。因为只有个人才能准确评估他自身的价值。人与人之间是有差异的，劳动者技能有高低之分，那些技能特强的人住在哪里哪里繁荣，他会影响一批普通人的就业，甚至影响城市的GDP。

时下中国城市化最大的问题是地方政府诉求与民众诉求的冲突，地方政府追求数字和政绩，民众追求个人价值和生活品质。解决两个主体之间的冲突，根本出路在于遵从民意。遵从民意的根本出路，在于推进经济决策民主化进程。

（本文系 2013 年 4 月 25 日上午应邀在上海财经大学区域经济研究中心讲演录音整理基础上修改而成。讲演主持人为中国区域科学协会副秘书长、上海财经大学区域经济研究中心博士生导师张学良博士。感谢该中心的录音整理者。）

第三篇

空间视野看浙江经济

区域层面遭遇三个"后"背景

"Post"一词或许是当代学人用以描述社会政治经济与文化生活演化状态时用得最为频繁的一个英文"前缀"词，这个词在汉语中给译作了"后"，于是我们有了"后现代"、"后冷战"以及"后文革"等说法。时下国内各色人等谈及经济问题时用得最多的话语，也与这个词扯上了关系，这便是"后危机"——后金融危机。

"后危机"多半给说成了一个时代——"后金融危机时代"。但在我看来，"后危机"不仅是世界经济演化的一个时段，而且还是世界经济发展与演化的一种状态。作为一种状态持续的时间，少则三五年，多则十年。早先我曾说过，这个时段的世界经济将麻烦不断，但总体状态将不会太好，也不会太差。不会太好的根本原因，在于导致金融危机发生的深层隐患迄今未见消除，甚至未见缓解。深层原因就是全球经济失衡，失衡的最突出的一个标志，是美国、欧盟等西方发达国家普遍的赤字与中国、俄罗斯等新兴市场经济体巨额的盈余。美国欠了太多的债，中国攒了太多的钱。只要这种失衡未有缓解，发达国家的赤字不能得到逆转，那里的债务危机就将不断，世界经济就难以出现持续性增长。但世界经济也不会太差，至少不会发生 20 世纪 30 年代那样的大萧条。这里基本的原因之一在于，一个分层的全球经济协调机制正在形成，新的全球治理（global governing）体制也在浮出水面。这个体制可称作"3G 分层互动的治理体系"。G 即 Group（集团）。分三个层次：最上面的是 G20，由全球最大的 19 个国家和一个"壳"（欧盟）组成；中间的是两个分立的 G，分别为西方 7 国集团（G7）和金砖国家（BRICS，或 G5）；下面的是 G2，即中国和美国。这个分层的全球经济治理格局，对"后危机"世界经济具有"稳定器"作用。不说别的，单是 G20 高峰论坛机制，就可以协调大国经济政策，化解世界经济某些潜在的隐患。而中美两国领导人及经济决策层的对话机制，也有助于协调两国经济政策，化解某些震荡隐患！这中间中美两国间的对话之所以重要，盖因一个事实：美国是全球最大的发达经济体，中国是全球最大的新兴经济体。两国经济加总占了全球经济总量的35% 以上。

若沿着这个视野切下去观察中国经济，也能发现一些可打上"后"标记的变局。最值得留意的是政府宏观经济政策的变局，大力度的政府刺激政策已经过去，接下来无疑是个淡化刺激的时段，多半可称为"后刺激时段"。我们知道，金融危机期间中国经济的逆势增长，主要靠了政府大力度的刺激。金融危机引出的 4 万亿进而十几万亿元的刺激性投资，短期内促成了中国经济的超高速增长，但也引出了诸多麻烦。最直接的麻烦是通货膨胀和房价暴涨，间接而深层次的隐患是重复建设与效率损失。这些隐患需要多年才能"熨平"。因此接下来应该不会再有大的刺激政策出台。就这个意义而言，中国经济已经进入"后刺激时段"。这个时段的经济与贸易将经历艰难的调整。调整的目的在于促成产业升级与经济发展方式的转变。

进一步地，若沿着这个视点深入到浙江区域经济，尤其是省内民营经济发达的一些小区域经济，则不难发现另一重意义的"后"背景。可成为"后跑路"时代背景。"跑路"是怎么回事儿，各方都很清楚，就是温州发生的民企老板逃往境外躲债的事儿。客观地来分析，民企老板"跑路"与民资投资空间狭小密切联系在一起。一方面，做大了的民间资本遭遇了日益狭窄化的国内投资空间，凡是有利可图的实体产业，差不多都给公营及垄断行业所把持了去，民间资本难以涉足，投资空间相对于其资本规模日益狭窄化，被迫转入炒作的虚拟行业。另一方面，从事实业的民营企业尤其是中小企业融资难、贷款难愈演愈烈，不得不诉诸高利贷。非常清楚的是，温州民企老板颇具轰动效应的"跑路潮"，将这种"双困局"问题最终给挑明了，引起高层关注并给予地方政府更多的改革权限。现在是个"后跑路时代"，政府已经开始给予民间金融与名企融资以前所未有的关注，由此有望推动一次以规范民间融资与解决民企"高利贷"困境的改革浪潮。

客观地来说，上述三个空间层面的"后"背景，既构成浙江区域决策的约束条件，也构成区域经济发展的新机遇。作为约束条件，有三点当是清楚的：其一，"后危机"走走停停的世界经济，意味着一个像浙江这样的出口大省要延续以往那样依赖出口扩张的路径将很不现实，必须花大力气转换增长动因。其二，"后刺激"抑或大力度刺激之后的时段，期待新的刺激政策，尤其是偏向民企与浙江此类沿海发达地区的刺激政策也是不现实的。必须打消此类幻觉，按照"无刺激"的约束条件筹划区域经济发展尤其是产业转型。其三，"后跑路"时段区域产业与投资向心力与离心力的较量，意味着破民资民企双困局到了一个关键时刻，必须花大力气推出切实的改革举措。

作为三个空间层面"后背景"的新机遇，最大同时地方政府最能够发力的，当属改善民资民企投资环境与破除国企把持的产业进入壁垒。最容易给误导的政策，无疑是那种舍本求末的选择，扔下陷于困境的民企、民资不去管，而热衷于"傍央企"、求"外援"！

（本文部分原载《浙江日报》2012年10月22日第12版）

"后危机"浙江经济困局

民企老板"跑路"的深层原因

近段时间以来的温州民企老板"跑路"成了各方关注的热点话题，也引起了高层的高度重视。"跑路"是怎么回事？说者都很清楚，就是一些民企经营者资金链断裂，逃往境外躲债！关于"跑路"的原因，各方似乎也很清楚，"占优"的说法是：宏观调控陷民企于融资难，只能诉求高利贷，而高利贷的雪球越滚越大，最终压垮了企业，包括一些行业龙头老大。更有论者直截了当地说：是宏观政策"逼死"了民企！按照这种"诊断"所开出的治理民企"跑路"的处方，无非是"规范民间融资"、"解决民企融资难"等。然而在我看来，这是一种误断，只看到表层现象原因而未及深层原因，因此开出的处方要么是一种头痛医头脚痛医脚式的，要么是说起来容易做起来近乎不可的那种。

深层的原因在哪里？在多个层面，得一层一层地去剥。

第一个层面与融资有关，但并非融资难那样简单，而在于已有融资的投资失误。这方面随便抓个"跑路者"案例即可为证。以此次最令官方难堪的"跑路者"温州眼镜业龙头企业兴泰为例，这家企业在债务雪球滚起来之前的融资环境似乎并不差，一度曾有银行"追着老板屁股放债"，老板似乎也颇有"远见"：将数亿元资本投入光伏产业，而这个产业恰恰是国家规划的"战略性产业"之一，也是从国家到地方政府所力挺的一个产业。结果却招致了巨额的亏损，以致资金链断裂，债务雪球骤然滚大，不得不"跑路"躲债。按照"融资难"论者的诊断，假如这家企业能够继续得到国有商业银行低息贷款，将廉价贷款拿去填入那个黑洞，相信债务雪球还将更大，最后把银行也会给拖进去的。若到了那种境地，"跑路"的或许不仅仅是民企老板，还要包括银行行长们了！

接下去第二个层面，便是民资投资空间。说白了就是民间资本投资空间狭窄，做大了的民间投资遭遇了趋于狭窄化的民间投资空间。实际上目前多数民资找不到有利可图的长远投资载体，做实业利润越来越薄而风险越来越大，只能去做那些炒作的短期投资与投机。这方面浙江是全国的一个标杆，而温州则是浙江的标杆。实际上新世纪以降的十多年时间，浙商与温商针对某些投资题材的爆炒、暴利而惨淡收场的"三部曲"，时不时吸引着财经界的关注。炒股、炒房、炒矿、炒煤和炒油气等，都少不了浙商尤其是温商的带头与推波助澜。虽然多以辉煌开始而以"触官壁"收场，但终究还是赚多赔少，推动着民资的膨胀与集中。

这一次情形与以往明显不同，以往的情形是，股票市场与房地产市场交替涨跌，股市差的时候，房地产往往会热一阵子，房地产市场差的时候，股市上可"捞一把"。实在不行，还可找别的投资主题炒一炒。但这一次不仅股市"跌跌不休"，而且与地方政府利益紧贴的房地产，也显现出前所未有的疲态，限购令与"拐点说"吓退了民资。至于矿、煤、油、气等资源，越来越为垄断行业和"红顶商人"控制，民资插手的空间越来越小。剩下的似乎只有一个出路：拿去放贷。而宏观调控尤其是松财政与紧货币搭配的宏观政策，为民间借贷平添了巨大的空间：一方面，亦步亦趋的紧货币造成了实体行业民企资本短缺，松财政则使公营部门集聚了大量货币与低息信贷资源，前者的融资需求与后者的"余钱"过剩，合力促成了融资与高利贷的高涨。客观来看，无论温州还是浙江别的地方，民间借贷系统的相当部分资本来源，都或多或少与公营机构的"余钱"搭着界。

再看下去，第三个层次则不能不触及一个老话题，这便是民营经济的转型升级。说清楚点是转型升级碰了壁。关于转型升级，专家抑或官员，说得都很到位，无非两个路径：一个是产业内提升价值链，另一个是跳出传统产业转往高附加值产业。然而说得容易做起来难上加难，对目前依然窝在温州的民企而言，这两个路径都很窄。温州改革开放头 30 年所发展的主体产业，几乎全部是工业化先行国家老早就淘汰了的产业，要在原有基础上实现产业内升级空间极小，不然的话人家也不会转出去的。要转往别的行业则更难。不说别的，单就温州目前在长三角地区的区位特征来看，要实现区内产业转型式升级近乎不可能。空间经济学视野来看，温州整个区域实际上正在被边缘化。整个长三角经济的"一级核心"在上海，"二级核心"在杭、宁、甬，温州原本就处在外围。近年"国家战略"重点扶植核心区域，温州正在被边缘化。企业家与别的人才实际上在往核心区域集聚，这包括了温州传统产业结晶的优质人力资本。

更要命的是，种种迹象表明，温州的制度优势也在丧失。改革开放前期尤其是加入世界贸易组织履约期，民意与"官意"偏好"非公"一边，与此意识形态相一致的，则是体制转型的非公有偏向。近年种种迹象表明，这个演化轨迹正在过去，取而代之的是公有与政府干预偏好的强化，应对金融危机的大力度刺激骤然强化了这个偏向。就这个视点来看，温州乃至浙江经济以往形成的制度优势正在丧失。与浙江别的地区相比，温州实际遭遇着双重的"边缘化"：一重是经济地理意义上的，另一重则是体制上的。

（本文 2011 年 10 月 11 日写于杭州，10 月
13 日修改；原载《浙江经济》2011 年第 20 期）

规范高利贷与金融现代化：历史何以展开？

各方都在谈民间高利贷乱局与民企融资难。乱局的根子在体制，在于体制改革的滞后甚至倒退；破解乱局的关键看政府，看政府能否有为并能为；政府所为与可为的关键着力点，在于增加制度的供给，这块的关键则在于增加与民企关联度高的金融业的制度供给……诸此，多半是近期学界与有关政府部门的共识。

然而何以增加制度供给？说法则颇为不一。一种最简单的思维是，要求上面给个几千亿的贷款指标，允许建立更多民营贷款公司等。然而就连这种思路的提出者也清楚，这是一种治标不治本的法子，与增加制度供给实属南辕而北辙。近期翻了翻先行国家这方面的一些历史，得着了些许感悟，这里写出来以期与朋友们分享。

历史是怎么展开的？先看看第一个工业化国家的前工业社会史。英国在亨利八世——就是那位好色而专制的国王——为换老婆而与罗马教廷闹翻之后所做的一件有意义的事，便是修改了 14 世纪就已颁布的《高利贷法》，允许民间私人借贷，且规定利率不能超过 10％；超过了等于违法，是要砍头的！时在 1545 年，距离工业革命发生两个多世纪。这就是制度供给！这个制度规范了民间金融的价格，亦即借贷利息。然后到了他的女儿伊丽莎白一世执政期间，修法降低了利率，规定高利贷利率不能超过 6％。那之后又过了若干年时间，有统治者把民间借贷利息上限降到 5％～6％，甚至 4％。给出的理由是，利率尽可能地低些有利于实业的发展，使实业者"像荷兰人那样廉价地获得资本"。

政府制定法律，规定最高利率，这实际上就是在行制度供给的事儿！可见，别把制度想得那么复杂，一部法律甚至一条成文法的修正案，就代表了特定制度的供给。具体到规范民间金融与高利贷，历史就是这样展开的！英国专制政府没有宣布应该做什么，没有说你得组织什么样的金融机构，或者只能搞哪种类型的贷款公司、抵押行或租赁行之类，别的不可涉足！政府做得很简单，只是出一部法律，规定民间借贷的最高价格也就是利率。至于金融组织形式，则让商人们自己去做，去自由发挥。

再看看金融组织的历史。撇开一般意义的商业银行不说，单从那些专门服务于工商业的金融组织发展来看，西欧在这个方面演化的历史大体上经历过三个步骤：

第一步是发展商人银行。所谓商人银行，说明白点就是贸易商人创办的银行，有大贸易商行自办的，也有几个商人联办的。主要业务除了钱币兑换和票据贴现外，就是进出口信贷。15—16 世纪意大利一带就有了这种银行。著名经济学家金德尔伯格认为，英格兰的大多数银行也是这样起源的，"是由商人而非金匠发展起来的"，这与一般教科书的说法相左。这种银行天然地服务于贸易，主要是对外贸易。他们一边从事出口贸易，一边像近代进出口银行那样给进出口公司提供信贷。

第二步是实业银行的兴起，这是近代投资银行的前身。实业银行起源于比利时和法兰西，时在 19 世纪初叶。这种银行最初由金融投机者与商人联手建立，其业务是，自别的金融机构贷入款项，转而进行实业投资。法国金融家拉斐特在 19 世纪 20 年代掌控的金融帝国最具代表性，拉斐特兼具银行家与实业家双重身份，他控制的实业银行投资领域很广泛，从保险、运河、房地产到宝石切割和玻璃制造，从报纸发行、纺纱到煤矿和铁矿石开采等领域。比利时的此类银行则多半投资于公共交通等基础设施。值得注意的是，即便实业银行，其主要贷款对象既非工厂，也非铁路等建设项目，而是贸易，尤其是对外贸易，它们只是作为直接投资者时才涉足制造与宽泛的工业。第三步才有近代意义的投资银行。投资银行产生于19世纪中期的法兰西，很快遍布欧洲各国，在英国叫做金融公司。以票据贴现和票据买卖为手段筹措资本，转手投资于各种实业。

历史地来看，在投资银行形成气候之前，几乎没有什么金融机构会给制造业提供大量贷款支持。制造业以及宽泛的工业一开始就不怎么依赖银行的，而是和资本市场携手并进的，靠股份制来筹资。这个历史可追溯到中世纪末期，直到欧洲工业革命早期也是如此。欧洲以及后来美国制造业发展所需的大量资本，并非靠了银行贷款，而主要依靠发行股票及债券筹措，各种各样的责任有限公司，都是通过发行股票来筹资的，对于商业银行的依赖很小。后来才有了投资银行。"投行"或英国所发展的金融公司，实际上是金融业向实业拓展的产物。现代意义上的投资银行是个金融中介者，它们把潜在的投资人的钱与那些切实可行的投资项目链接在一起，其最主要的业务就是代理债券或发行股票。

历史给我们什么启示呢？可以说，像浙江这样民营经济发达、民企占重头的地区，要解决发展实业的资本供给约束，要突破民间投资难，指望商业银行信贷不是个长久之计。商业银行贷款不仅成本高，而且没有商业银行真正愿意去做。银行既要考虑自身风险，又要考虑储户资产安全，能随便把钱给那些投资前景不明朗的企业吗？实业投资得找投资银行或金融公司，风险大的投资，尤其是那些仅有好的项目而前景不确定的投资项目，得找风险投资组织。就这个视点而言，得尽快出台有关法规，为"投行"和"风投"等金融组织创造环境。

作为工业化、市场化与现代金融实践的后来者，翻翻先行国家这方面的历史，尤其是政府规制民间金融与金融组织创新史，对准确把握我们的所面对的乱局的关键症结，提出有效的对策无疑是有益的。

民资民企"双困局"源自制度供给不足

民间资本投资空间狭窄化与民营企业融资难的"双困局",是同一个问题的两个侧面,其症结是民营经济发展遭遇了制度瓶颈,制度瓶颈生成的原因是体制改革的滞后乃至倒退!由于浙江主要依赖民营经济,温州依赖更甚,制度供给不足的负面效应就特别厉害,"双困局"的表现就特别严重,老板躲债"跑路"声势就特别大。我始终认为,浙江经济转型升级应紧盯民营经济发展面临的问题,尤其是制度瓶颈去找突破口。政府如果不去主动破制度上的瓶颈,增加有效制度供给,而是学别的地区那样,也去搞那种"国字号"的大项目、大园区,势必会弱化浙江经济以往发展所建立的区域竞争优势。我们知道,浙江经济的特点与竞争优势,就在民营经济这块。民营化的制度转型路径模式以及民有、民享的产权与产出分配倾向,是浙江模式的灵魂,这个"灵魂"最大限度地激发了老百姓参与经济发展的积极性。

我以为,温州的问题要跳出温州来看,金融的问题须跳出金融行业来看,经济困局须跳出困局本身来看,考虑制度因素。

温州老板"跑路"后笔者曾写过一篇评论,《民企老板"跑路"潮暴露了温州经济被边缘化》。题目已经够清楚的了。我觉得这些年,温州经济在空间上来讲,实际是在被边缘化。这个观点好几年前我就讲过。我说温州经济弄不好会被"曼彻斯特化"。曼彻斯特曾经是英国产业革命的重要发源地之一,但后来迅速衰落了,在区域经济竞争中输给了别的地区,到 20 世纪 70 年代已经破败不堪,实际上是被边缘化了。为什么会被边缘化呢?原因在于金融与服务业发展晚了,这块始终为伦敦所掌控,英格兰东南地区就是借助了伦敦所具有的世界级金融中心的地位,始终执英伦经济之牛耳。曼彻斯特尽管有强大的制造业,但也抵不过英格兰东南地区的竞争，在区域经济重构中被边缘化了，落在了后面。反观浙江温州，也在重蹈这种覆辙，在江浙沪两省一市组成的"大长三角"经济区中，温州实际上也在被边缘化。边缘化的一个重要原因，在于区域产业结构转换走偏，或者说"找不到北"了。

历史地来看，一个地区甚至一国的产业发展有三个阶段：第一阶段是个商业化时代，这个阶段哪个地区抓住了商品营销，掌握了市场，就占据了区域竞争的龙头地位；第二个阶段是个"制造化"或"二产化"的时代，这个阶段，哪个地区成为了制造中心，它就占据了区域经济竞争的高地，在竞争中占优；第三个阶段是个服务业化的阶段，最重要的是金融业，你如果没有金融，你的研发与风险投资就缺乏物质基础，发展就要退化，在区域竞争中就要失利。十年前我讲过这个道理，现在回头来看浙江经济尤其是温州经济，这个判断还是准确的。客观地来说，温州在前两个阶段的区域竞争中是多半占优的，但到了经济的服务业化阶段未能顺应潮流，实现产业升级，因而落伍了。

现实世界的许多决策者看问题都倾向于就事论事，我向来认为研究任何问题，都得掌握些基本知识，三方面的知识缺一不可：一个是专业理论知识，没有理论就看不到现象后面的东西；另一个是专业历史知识，我们是工业化与现代化以及市场经济的后来者，我们的金融业更是处在发展的"童年"阶段，下一步会发生什么事儿，该如何应对，可以看看人家的历史，看看先行者走过的路径，找点参照系，引以为鉴，这不会有害的；第三个是现状把握，最重要的是要拿到现实世界的真实信息，不要被表象所欺骗。把这三个方面的知识结合在一起，相信会形成一个好的决策思路的。

这里我先讲点现实。有人担心民间资本借贷放开以后，会一哄而上，没那么多民间资本。我查了下数据，人民银行数据显示，到2011年9月末，全国私人存款35万亿元，如果加上沉淀在私人手中的现金、有价证券、黄金等贵金属等资产，估计至少有 50 万亿元。这 50 万亿里头，如果按"倒二八开"的财富分配比例，即 80% 的资金为 20% 的人所占有，也就是可以形成投资供给的资金与可投资资产，总额超过 40 万亿元。这不是个小数，这个数据超过 2010 年全国的 GDP。现在中国实际上是流动性过剩，商业银行的存款余额约 80 万亿元，还有 3 万多亿美元的外汇储备。所以说钱不是没有，而是没有被有效地利用起来，原因仍然在制度供给一边，是制度供给的不足。

谈到金融业关联的制度供给，就需要翻翻历史，尤其是工业化"先行经济体"的经济史。这方面第一个工业化国家的"前工业经济"史最具启示意义。英国早在 14 世纪就有成文的《高利贷法》，而从亨利八世到伊丽莎白一世女王统治的将近 100 年期间（1509—1603），曾多次修改该法。主基调是不断降低私人借贷利率。先由 10% 以上降到 6% 以下，后来甚至 4% 的低位！强制的低利率实际上压制了"钱追钱"的金融炒作，有利于实业的发展。政府制定法律，规定最高利率，实际上就是在做制度供给的事儿！我感觉在现实世界中，人们把制度理解得太复杂了。英国经济之所以能后来居上，超越欧陆国家，成为工业革命的发祥地，与前工业经济时代政府在这方面的行为有着极大的关系。专制政府实际上增加了制度供给。政府做得也很简单，只是出一部法律，规定民间借贷资产的最高价格，也就是利率。至于各种金融组织形式，则让商人们自己去做，去自由发挥。事后来看，这样做最有效，对于经济发展最有利。

说到理论——跟我们讨论的问题联系紧密的理论，大体上可以列出四个关键词：

第一个是"空间经济学"。现在看世界得有个全球化的空间视野，中国的钱我们自己不用它就跑了！跑到那里去？会跑到全世界那些金融业做得好的地方去的。早先我曾写过，按照空间经济学之核心—外围视点看世界经济，则全世界有三个大的核心：第一个是北美，主要是美国，其优势在金融与研发上。金融业是个强制度依赖型的行业，你没有好的制度安排，钱就不会放在你这儿。美国制度上有优势，钱往那里流。外加优质教育与创新资源，金融业与研发对接，占据全世界创新高地。第二个是西欧，西欧是制造与金融优势兼具的。从伦敦到法兰克福再到卢—比—荷，外加瑞士，存在多个世界级的金融中心，金融向心力不弱。而其高端制造业优势也很明显。第三个是东亚，东亚的优势主要在制造业，金融引力最弱。这三个集聚中心，我做了一些数据分析，可以看到如下清晰的资本流动：当美国的研发产生了成果，要想把成果变成产品的时候，最好的去处是东亚，是中国。到中国可以制造出性价比最好的产品，赚取高额回报。但当依赖中国制造发了财以后，需要"提升"的时候，它一定会跑到北美或者欧洲。这么看就清楚了，中国的钱如果我们自己不用的话，会跑掉的，跑到北美或者欧洲去。

第二个是"经济全球化"。我相信大家看过托马斯·弗里德曼《世界是平的》那本书。我们生活在一个互联网时代，信息在以光的速度传递，借助"网银"等手段，资本也在以光的速度流动。全球化势不可挡。这个环境下，必须去适应全球化，不是喊几句口号能抵制回去的。现在很多老板不出国门，但是国际上的联系很密切，他信息很灵的，所以这个资本流动起来速度就更快了。前两天我看到有一个说法，说大规模的资本外逃可能导致中国经济崩溃。虽然这有些危言耸听，但决策层应该警觉。

第三个是"亚当·斯密"。经济学创始人亚当·斯密曾经说过，"资本所有人可以说是个世界公民"，如果一个国家老是折腾他，查他的税收，找他的麻烦的话，他会迁移到别的国家。随着他的迁移，他的资本与产业也会跑掉的。斯密的寓意是要创造适合资本与实业家生存与发展的环境。

第四个是"制度"。制度是什么？道格拉斯·诺斯说得好，制度是规范人的行为的规则。经济学界流行的说法，制度是规则，企业与个人是玩家，政府是规则实施的监管者或者"裁判"。与任何事物有量与质两个方面的评价标准一样，制度也有量和质两个评价标准。前面说民资民企"双困局"源自制度供给不足，实际上说的就是制度的量——量不足。与量并存的是制度的质不高。经济学家们评价制度的质的一个重要指标，是合约的强制性，后面是大众的诚信度，是政府的诚信度等。

理论来看，我感觉中国现在不从一个"大金融"战略视野出发赶快来改的话，后面的问题会更多更棘手，弄不好会重蹈"中等收入陷阱"！

现在说说现实。现实很复杂，但大势判断最要紧。目前三个大势得看清楚了：

第一个是世界经济的"后金融危机"。"后危机"不仅仅是个时段，还是世界经济的一种状态，一种不死不活震荡频仍的状态。可以预料的是，未来5～10年时间世界经济都不会太好，国际上不大会有好的投资机会，这对中国无疑是利好的，暂时可以不必过分担心资本外逃。

第二个是中国是经济的"后刺激时代"。4万亿刺激计划一时花得痛快，现在引出了问题，不得不打住。现在到了"后刺激"时段。刺激多半是粗放的，以"保增长"为第一要义，"后刺激"呢，要讲效率了。就中国经济与政府偏好变化的以往历史来看，政府在考虑数量型增长多的时候，往往就会淡化民营经济，以国企和垄断行业为主去折腾。一旦想到效率的时候，就要鼓励改革了。

第三个可叫做"后跑路"时代，这是就浙江经济大势而言的。温州这次很有声势的"跑路潮"，已经引起高层关注，影响到了政府决策。"跑路"给地方政府"倒逼"出了一些改革权限，现在实际上从上到下都有了改革的激励。

上述三个大势就是经济学家们常说的约束条件，这些约束条件意味着，中国的金融改革势在必行，且对地方政府而言，可以放手一试了。问题是浙江能不能利用好这些大势，顺势而为，推动改革？怎么改呢？

关于浙江金融改革，我提几点建议：第一，制度创新先行。温州的民间贷款，我以为政府还是应制定价格。在中国，管价格应该是有经验的，各种尝试都可以出来，但是这个管价格很重要。第二个，在现在这个时代，高风险高回报是有的，可以搞"风投"——风险投资，按规范办法去做。你要 20％甚至 50％的回报，就得承担 20％～50％的风险！除了"风投"，还有"投行"，可以去试验，找到一种"中国式"的。制造业需要的钱，我觉得一定要通过"投行"或财务公司解决。第三，可否先行搞区域性的证券市场？辅之以贴现行等金融机构？有了票据贴现，大众就可以进行小额投资。不必把钱存在银行里遭受负利率盘剥！举个最简单的例子，假如我有一张三年期的银行定期存款单，过半个月才到期，但我想提前支取，若找银行兑现，利息损失一定很大！可否设想：有家贴现公司把我的存款单贴现了，它与我分享那张单子余下的利息？诸如此类的金融产品都是大众投资机会，何不鼓励尝试？

（本文为《浙江社会科学》组织的笔谈所写，
原载《浙江社会科学》2011 年 12 期第 28—31 页）

守住自己的钻石宝地：再论民企老板"跑路"

康维尔的《钻石宝地》是西方知识界公认的 12 本最值得一读的"自助式"励志读物之一，也是我最喜欢的一本消遣性读物，每当遇到难以抉择或者看不懂的人和事儿，便会习惯性地拿来翻翻。切不要小看这本小册子样的读物，虽然其文句浅显，叙事随意且不无拖沓，但所叙故事外加不失时机的议论，寓意既深且广。差不多每次困惑时翻翻，都能让人眼前一亮，不由地发一声感叹：哦，世间的事物原来如此！单是冷眼看去，也能看到许多奇异！亲身体验，该书本身就和它的名字那样，也有几分"钻石宝地"的意境，给你的启示永远也淘不尽！

这一年多来出于专业兴趣，不时在关注一个现象，这便是民企老板"跑路"

现象。略微挖一下一些"跑路"案例，尤其是几个颇有轰动效应的"跑路"案例，再翻翻康维尔的《钻石宝地》所叙及所议，得到的一个启示是，这些老板跑路的原因虽然各异，但都有个共同的"行为表象"，那便是多半没能守住自己的"钻石宝地"，给虚幻的财富诱入了歧途！

康维尔的故事是这样说的：在底格里斯河流域某地有座不大不小的庄园，里面有山有水和足够多的农田，庄园主和他的一家人生活丰裕，无忧无虑。忽一日有位僧人到访，给主人说了一通关于财富的话，庄园主听后生平第一次睡不着了觉，因为他第一次认识到自己的无知与贫穷！什么话呢？僧人对庄主说，你知道世界上什么最值钱？——是钻石；如果你拥有小拇指那么一小块，就抵得上好几座这样的农庄；若能找到一座钻石矿，你将富甲天下，说不准还能当上国王呢！失眠的庄主不等天亮就把僧人叫醒，讨教寻找钻石矿的秘诀。僧人告诉他那得满天下去找，尤其要留意那种穿越峡谷的秀水河床。于是那位庄主便将自己的农庄卖掉，留了一点点钱把家人托付给邻居，带了几乎全部的积蓄出门去寻宝。结果是走遍天下，花完了所有的积蓄而一无所获，最后客死他乡。故事到此并没完！令人意想不到的是，那个买了他的庄园的人，却在不经意间捡到一块钻石。继而发现，那座农庄本身就位于一座钻石矿脉上。这个故事的寓意是，如果那位庄园主不去听信那位僧人的说法，不要卖掉自己的农庄，而是守住它并精心去经营，说不定哪天也能发现钻石矿的！

"浙版"民企老板"跑路"的案例很多，既有"新版本"也有"老版本"。新版本最经典同时最具轰动效应的，要数一位"眼镜大王"的跑路案例了。那位"温企"老板的眼镜生意原本做得很大也不失其精，且一直有赚头。但显然经不住新"富源说"的诱惑，倾全力进军"光伏"产业，投入巨资而得不到回报，进而被迫举债，最后因债务链条断裂，不得不"跑路"躲债。"老版本"的经典"跑路"案例，当首推著名的陈金义案例。这位名列 2000 年《福布斯》中国大陆

"富豪榜"第35位的企业经营者,依托旗下金义集团的财势,一度几近和万向、青春宝等经营者齐名。现在看来,此公可谓浙企老板"跑路"的"先行者"。不仅跑得早,而且跑得无影无踪。早先有传说其去了国外,近期的说法是出家为僧。陈金义的"跑路"和那位"眼镜大王"如出一辙,也和投资"新能源"有关。经典的说法是,这位颇有些冒险精神的老板,放着原有的生意不去继续做强,而听信"研发者"的说教投资所谓"新能源",陷入"水变油"圈套,结果血本无还!最后被法院列为"老赖",不得不一走了之。细细琢磨便不难悟出,此类"跑路"老板的"行为表象",多少都和那位庄园主的行为有些像:放弃已经拥有的"富源",转而去寻找虚无缥缈的"新富源"。其中陈金义投资的"水变油"比起那位眼镜大王认定的"光伏"产业来,显得更加虚无缥缈!

话又说回来,企业与企业家的天性就是创新,创新总会有失败。无论是康维尔说的《钻石宝地》故事,还是"浙版"的"跑路"案例,当事者都有强烈的"创新"意识,用时下的时髦话语来说,就是"转型升级"意识。然而问题在于,在做出那样的抉择之前,是否先做过缜密的分析与论证,是否在自己拥有的能力与欲望之间做过平衡?大量案例表明,许多人与企业经营者失败的原因,多半由于欲望超过其所拥有的能力!

(本文2012年7月4日晨写于日本东京,原载《浙江经济》2012年第14期)

破浙江模式困局:看好义乌

大家都在谈民企融资难,温州民企老板"跑路"把这个问题给挑明了,放到了国内外舆论关注的风口浪尖上,引起了高层的高度关注。现在高层发了话,地方政府得了些许"尚方宝剑",忙着"堵跑"与"防跑"。但仔细看上去,所出招数大同小异,不外乎压金融机构给民企信贷"松绑"、"规范民间融资"、增加小额贷款机构等。实际上各方都心知肚明,这些措施不是长久之计,多半都属于治标不治本的做法。治本须从体制上入手,须跳出金融从宽泛的资本配置体制改革入手。然现行体制改起来很难,金融体制也好,宽泛的资本配置体系也好,制度的刚性越来越大,改起来难上加难!加之多数地方政府"维稳"意识大于创新意识,缺乏应有的胆识和能力,要突破很难!

客观地来看,民企融资难是个浅表性问题,与这个问题并存的是民间资本投资的狭窄化问题,而深层次的涵义则是整个浙江模式的困局。各方都清楚,与民企融资难而陷于高利贷困局并存的,是民间投资的狭窄化。浙江也好,别的沿海发达地区也好,目前集聚了大量的民间资本,找不到合适的可持续的投资载体,只能去做那些投机与热炒的营生。事实上近年随着或明或暗的"国进民退"与垄断势力的强化,民间资本投资空间趋于狭窄化。稍有赚头且可持续性高的投资项目与产业,多半为国有垄断行业、外资以及少数"有背景的"民营企业把持,一般民间资本要进去难上加难。连高层领导都知道中央关于拓展民营经济投资空间的"新36条"遭遇了"玻璃墙"和"弹簧门"。巨量的民间资本尤其是大众储蓄,只能放在银行里获取微薄的利息,而在通货膨胀居高不下的背景下,实际上在招致"负利率",在承受损失。这种情形也是一种困局,与民企"融资难"一起,可视为一种"双困局"。民资与民企的这种"双困局",实际上反映了以往形成的"浙江模式"正在陷入一种困局。

早先的研究认为,民营化制度改革和民有、民享的产权与产出分配模式代表了浙江模式的灵魂。民资与民企金融的"双困局"无形中在扼杀浙江模式的这些灵魂特征,陷浙江模式于困局。试想,抽去民营化与民有、民享,浙江经济还会有活力吗?就这个视点来看,对浙江区域经济而言,破民资民企"双困局",无异于助浙江经济突围。

我以为就省内几个"浙江模式"的"原创版"小区域经济比较来看，在突破民资与民企"双困局"因而浙江模式目前的困局方面，义乌当最有希望趟出一条路径。这个预期的一个重要原因，在于如下判断：义乌经济以往发展路径及其迄今所形成的结构特征，明显不同于浙江别的地区，尤其是不同于温州。所有不同中，三个方面的表现最值得留意。

第一个表现在二、三产业关联程度上。义乌区域工业化原本取"三产"带"二产"路径模式，引出两个产业都很实。国际商贸城是实实在在的，以商贸城为依托的制造业也是实实在在的。义乌工业化产业集聚是由三产之商品分销起步的，市场集聚在前，制造业集聚在后，两个产业彼此依托，做得都很实在。义乌国际商贸城目前销售的产品，产地呈现"三分天下"的格局：三分之一产自义乌；三分之一产自义乌之外的浙江别的地区；三分之一产自省外。其中义乌本地与周边地区"二产"与义乌市场联系最为密切，彼此依赖。这是浙江别的民营经济主宰地区，尤其是温州所无法比拟的。温州过早地撇开市场而形成"强制造－弱市场"的格局，产品销售渠道多为外商所控制，利润越做越薄。

第二个表现在内外市场结构上。义乌制造业产品销售在内贸与外贸上是打通的，且以内贸为基本依托，以外贸为增量拓展。最终形成了同时利用国内外两个市场的大格局。可称为"双支柱"的市场格局，在震荡频仍的"后危机期"世界经济与调整大势所趋的国内经济大环境下，两根"市场支柱"的灵活性与可调整性远远优于那些过于依赖国际市场的区域。

第三个表现在政府能力上。说具体点就是地方政府在区域经济发展中所发挥的作用及其干预和参与地方经济的能力。义乌有政府引领市场的传统，政府参与及干预民营经济的能力远强浙江许多小区域，尤其强于温州。义乌小商品市场原本就是政府顺应百姓致富要求发起的，经典的说法是"一位摆摊妇女找县委书记的'讨说法'引出了一个大市场"，在小商品市场每一个发展的关键时刻，都离不开政府的强力介入与参与。实际上义乌市场由最初的"草帽市场"起步，到后来的多次搬迁与扩建，都是政府所推动的。

除了上述三个层面的不同外，义乌还有一个优势，这便是较大的改革权限。这个优势是与新近获得国际贸易"综改试点"联系在一起的。试点虽然圈定的是"国际贸易"领域，但加了个"综合"两字，给了地方政府改革探索的巨大空间。这个优势在一定程度上可视为"准特区"权限，别的地方很难比拟。值得一提的是，这种"准经济特区"的改革权限，多半也算是由地方政府所争取来的。这一点意味着义乌地方政府的"有为"意识远超浙江别的小区域，尤其是温州！

上面已经给了较为模糊的权限，下一步就要考验地方政府的创新能力了。基于义乌模式以往发展演化的路径，应该看好义乌试点。

（本文原载《浙江经济》2011 年第 22 期）

浙江模式再审视

浙江经济：一个区域转型发展"奇迹"

浙江经济奇迹：三个重要标志

中国经济过去 30 年的超高速增长，可谓东亚奇迹。浙江经济无疑是中国经济的一个区域"奇迹"。关于浙江经济奇迹，学界已有不少论说。但在我看来，作为一个转型发展中的区域经济，可以称得上"奇迹"的，当首推三个方面。

第一个是"增长奇迹"。过去 30 年浙江区域经济增速，不仅远高于全国平均水平，而且高于沿海绝大部分省域经济。按照有关统计数据计算，从 1978 年到 2008 年的 30 年间，中国经济年平均实际增速 9.8％，江苏经济年均增速 12.6％，浙江经济年均增速 13.2％，高出全国平均增速 3.4％，高出江苏 0.4％。其结果是，世纪转折前后浙江人均 GDP 跃入全国省域经济第一，自那以来连年保持了全国省域经济第一的位置。2008 年全国人均名义 GDP 勉强迈过 3000 美元大关，浙江人均 GDP 率先突破 6000 美元。同年浙江农村农民"人均纯收入"超过 8000 元人民币，是全国平均水平的 2 倍多。要知道，浙江是个自然资源贫乏的省域，尤其缺乏能源、矿产等战略性资源，外加早期国家投资少，改革开放最初 20 年外资很少光顾，平心而论，达到这样的增速无疑是个奇迹！

第二个是"富民奇迹"。与中国大陆别的省域经济相比，改革开放头 30 年浙江经济发展中有个重要的现象，这便是"富民"甚于"富官"与"富外"现象。说得通俗点，就是经济发展的成果多半归于民众，而非政府或者外商。客观地来看，在改革开放前 30 年沿海主要省域经济的发展中，大体上出现过三种效率优先型的增长—分配区域范式：一种可称为"富官"甚于"富民"，亦即经济发展的成果，主要归于政府尤其是地方囊中，"穷庙富方丈"便是媒体对这种现象的形象描述。早期"苏南模式"和国企主宰的环渤海工业化范式，均不同程度地带有这种模式倾向。另一种是富外（商）甚于富民，亦即发展的成果多半归入外商囊中，当地民众仅赚得微薄的工资，且还得贴上廉价土地和环境污染所转嫁的成本。这方面，无论在外资主宰的"小珠三角地区"，还是"变种"的"苏南模式"——"新苏南模式"那里，都能找到佐证。第三种就是构成"浙江奇迹"之一的倾向——富民甚于"富官"与"富外"。改革开放前 30 年，尤其是前 25 年，这一点在浙江表现得最为突出。

富民甚于"富官"与"富外"的财富分配倾向，被经济界称作"藏富于民"现象，这种现象源自一个重要的区域微观制度安排，这便是庞大的民营经济系统。这个系统不仅最大限度地吸纳了大众参与经济发展的能量，而且以民有、民享的微观经济主体特性，使大众广泛地分享到了发展成果。庞大的民营经济体系及其引出的"藏富于民"现象，可从两个视野切入观察：

一个是经营性资本所有权结构，这代表着资产回报分配倾向的。第一次全国经济普查数据揭示，截至 2004 年年末，二、三产业形成的总资本所有权中，"个人资本"比重，全国平均仅 1/4 强（28%），沿海最发达的几个省域，大多与全国平均比重接近，其中江苏为 27.16%，广东为 27.7%，福建为 32.1%。但浙江却高达 52.3%，为全国之最！这就是说，浙江二、三产业中的生产性资本，私人资本占了一半以上，而别的沿海发达省份仅占 1/4～1/3，其余要么归于"公有"，要么归于外商。这也意味着，浙江省个人通过资本所有权参与国民收入初次分配的比重，不仅远远高于全国平均水平，而且远远高于沿海几个最发达的省份。[①] 我们清楚地知道，经过体制改革的中国现行国民收入分配倾向，在很大程度上偏向于资本与资产甚于劳动。这意味着那个地区私人资本与资产比重高，其收入偏向民众的倾向就高。

另一个是产业经营者构成，这代表着财富掌控倾向。这方面浙江有个独特的现象，亦即"浙商"与"浙江人经济"彼此依存的现象。第二次全国经济普查揭示，截至 2008 年年底，浙江二、三产业有"法人单位"56 万个，"经济活动单位"63.9 万个。按照省内常住人口计算，每万人分别拥有"法人单位"和"经济活动单位"109.4 个和 124.8 个，拥有个体经营户 455.4 人。按照同一口径统计汇总的数据显示，2008 年年底每万人拥有的经济活动单位数量，江苏为 63.1 个，山东为 63.1 个，广东为 64.8 个。每万人个体经营户数，江苏为 230.3，广东为 241.2，山东为 57。都大大少于浙江省。[②]

粗略地推算一下，浙江近 60 万个产业活动单位所涉及的企业经营者，多

---

① 第二次经济普查数据揭示，从 2004 年到 2008 年短短四年间，在浙江法人单位资产总额增加一百的背景下，国有和集体资本不增反降。民营资本财力更大！

② 另有估计显示，目前浙江省内有"规模以上"民营企业 5.14 万家，"规模以下"民营企业近 80 万家（2008 年 6 月底 78.25 万家），见记者述评："民营企业数量稳定，浙江官员辟谣'倒闭潮'"，援引浙江省发改委信息："销售收入在 500 万以上的，属于规模以上的中小企业，去年上半年是 4.59 万家，今年上半年是 5.14 万家，还增加了 5500 家。……500 万以下的规模以下企业，一般浙江省的数据在 75 万到 80 万家，今年 6 月底的数据是 78.25 万家（《上海证券报》2008 年 8 月 12 日）。"

达数百万人，加上受雇于各类企业的中高层管理人员和技术人员，当不少于千万人。而超过 300 万个体经营户，加上其亲属在内也在近千万人左右。此外，还有 500 多万"浙商"分布在省外与国外（其中省外"浙商"400 万户，境外 100 多万人，投资额在 2003 年即已超过万亿元人民币）①，他们所构筑的"浙江人经济"，惠及的亲友也可以千万计。仅此几项加总，则促成浙江富民多半民众致富。

第三个值得称奇的，可能要属省内小区域间经济差距较小。我们知道，目前全国也好，一个省域经济内部也好，最突出的问题之一是经济差距的拉大。浙江也概莫能外。但无论与全国大区域间经济差距相比，还是与沿海最发达的几个省内部小区域间差距相比，浙江内部小区域之间人均国民收入差距明显要小许多。前不久我作了一个比较，比较了沿海三个最发达省域经济，即广东、江苏和浙江的省内小区域经济差异，发现一个有趣的现象：三个省域经济内部"地级市"的人均 GDP 差距，江苏最大（见表 1）。那里最富的苏州人均 GDP 是最穷的地区（宿迁）的 9 倍。广东其次，最富的深圳人均 GDP 是最穷的地区（梅州）的 7.6 倍。浙江最小，最富的杭州人均 GDP 仅为最穷地区（丽水）的 3.3 倍。30 年间浙江区域经济既实现了超高速增长，又达到了小区域间较为平衡的增长，这一点不可谓不是奇迹。

---

① 浙江省委政研室数据，新华社记者述评：根据浙江省委政策研究室的调查，截至 2003 年年底，在省外经商办实业的浙商为 400 万人。若加上在境外创业的 100 万人，目前有超过 500 万名浙商在全国各地和世界五大洲创造着财富。根据到 2003 年年底的数据统计，在外浙商的年销售额超过 1 万亿元，这个数字基本相当于 2004 年浙江全省创造的经济总量。这个破万亿的经济规模背后，是浙商在外地设立的近 80 万家市场主体、2350 亿元的注册资本和近 6000 亿元的投资总额。（《浙江在线》2005 年 6 月 8 日，http://biz.zjol.com.cn/05zjnews/system/2005/06/08/006129791.shtml）

表 1　省内小区域经济差距：沿海三个最发达省的比较（2008 年）

广东省*			江苏省			浙江省		
区域	人均 GDP	差距	区域	人均 GDP	差距	区域	人均 GDP	差距
深圳	89814	1	南京	53638	1.7	杭州	60414	1
广州	81233	1.1	无锡	83923	1.1	宁波	56711	1.1
佛山	72975	1.2	徐州	17909	5.1	绍兴	48236	1.3
中山	56106	1.6	常州	52841	1.7	舟山	46936	1.3
汕头	19384	4.6	苏州	91911	1	嘉兴	43129	1.4
潮州	17317	5.2	南通	27500	3.3	湖州	36827	1.6
河源	13860	6.5	连云港	12857	7.1	台州	34244	1.8
云浮	13439	6.7	淮安	14347	6.4	金华	32813	1.8
揭阳	12679	7.1	盐城	16987	5.4	温州	30496	2
汕尾	12130	7.4	扬州	28585	3.2	衢州	26076	2.3
梅州	11604	7.7	宿迁	10217	9	丽水	22053	2.7

注：＊广东、江苏仅取代表性地区。
资料来源：相关省份统计年鉴（2009 年）。

　　上述三个方面合起来看，不能说区域经济转型发展没有奇迹。我以为对于这些
"奇迹"的形成，值得经济界去研究，尤其值得决策层去关注。亚当·斯密说过：
"在一个政治修明的社会里，造成普及到最下层人民的那种普遍富裕情况的，是各
行各业的产量由于分工而大增。"浙江以往 30 年经济发展创造的一些"奇迹"，虽
然还不能说"导致了最下层人民的普遍富裕"，但必须承认的是，比之中国大陆别
的区域来，下层民众富裕的"普遍程度"要明显得多，至少可称为"较普遍的脱贫
致富"。导致这种较为普遍的脱贫致富，无疑应直接归因于专业化分工的普遍发展。
在制度政治层面上，是否可推出"修明"的结论，则有待进一步论证。

浙江经济，"奇迹"遭遇麻烦？

　　然而自金融危机发生以来，浙江"经济奇迹"的"可持续性"似乎遇到了麻

烦。实际上，远在金融风暴袭来之前，关于浙江经济的坏消息就不绝于媒体。先是"民营企业倒闭潮"之说。2008年年初，国内媒体风传长三角企业"倒闭潮"，倒闭案例几乎全部指向浙江。时而说宁波象山大批民企倒闭，时而传嘉兴羊毛衫市场经营户纷纷倒闭。最后是说，温台地区大批民企歇业倒闭。接着是民企融资难，大批民企陷入债务链条说。最后是民营企业"过冬说"，以及转型升级预期不理想说。如此等等。

上述一个个"坏消息"，一再为地方政府主管部门所否认，外加"央视"等国内大媒体实地调查，认为多数属于传言。本人实地调研与分析也得出结论，确有企业倒闭，但倒闭浪潮之说言过其实。典型案例分析揭示，多数倒闭企业近两三年以来实际上并未在集中做主业，而多半有些"不务正业"的影子，将大量资金抽去炒房、炒股，从过热的经济泡沫中捞取收益，而非专注于主业。后来遇上宏观调控，房价、股价齐降，最终归于困局。这类企业，可称作涨潮时的"裸泳者"！巴菲特说过一句立马就流行起来的话："只有在退潮的时候，才知道谁在裸泳！"

然而值得注意的是，最近一段时间以来，浙江经济表现似乎遇到了真正的麻烦。最引人瞩目的现象是，经济增速由以往数年的全国前茅，掉到了全国的后位，工业产值连续几个月出现负增长。统计数据显示，2010年上半年大部分月份，浙江工业产值一直在下降。这与全国工业依然增长形成鲜明对照。其中1—2月份全国工业增加值增长3.8%，江苏增长了8%，浙江下降了8.2%；1季度全国增长5.1%，江苏增长10.6%，浙江下降5.6%。整个上半年，全国增长7%，江苏12.3%，广东4.4%，浙江仅为0.3%！呈典型的零增长。

经济增速大幅度下滑后面的因素是增长动力失速。需求方面之"三驾马车"的"发力"，大多弱于全国平均水平。其中固定资产投资增幅很低，2010年上半年全国城市固定资产投资增长33.6%，东部沿海地区平均增长26.7%，江苏增长 25.2%，浙江只增长了 13.1%，仅及全国平均增速的 1/3 强，不到东部增速的一半。消费增速低于沿海几个经济大省。上半年全国消费品零售总额增长 15%，江苏增长了 17.2%，山东增长了 17.9%，浙江只增长了 15.9%。只是外贸降幅略低于全国水平。但值得注意的是，即使加上提高了的退税率，外贸企业利润已降到很低的位置。

那么，浙江经济增长动力减弱后面的因素又何在呢？虽然有多种原因，但一个显而易见的原因是，在中央政府大规模刺激经济的财政"盘子"，即"4 万亿刺激经济计划"中，浙江获得的份额很小。4 万亿实际上多半给了国企及国有机构，以民企和民营经济为主的浙江，是不大可能获得多少资源的。

然而在我看来，这些都不是深层的问题，对浙江经济奇迹可持续性构成威胁的真正障碍，显然要复杂得多。要判断浙江经济目前和今后发展遇到的真正威胁，需要较全面地研究浙江经济以往发展路径，尤其是促成"浙江奇迹"的重要因素。而要研究浙江经济以往发展路径，就离不开对"浙江模式"及其形成机理的分析。

审视浙江经济"奇迹"：四个重要视点

我以为，改革开放 30 年来中国沿海每一个省的经济发展路径都不一样，都有各自的路径模式，要审视中国任何一个省的发展路径模式，须首先有一个好的视点，好的视点就是"转型与发展"视点。

无论是就全国经济总体而言，还是就各个区域来看，转型发展有多重内涵，但我以为其中四个内涵最为重要，也最值得予以关注：第一个是经济制度的转型或曰市场化，核心目标是实现资源配置由中央计划主宰到市场力量主宰的转型；第二个是社会经济结构转换或曰工业化，核心宗旨在于实现由传统农业社会向现代工业社会的转型；第三个是大众生活方式的转型或曰城市化，核心宗旨是让大多数农村居民摆脱落后封闭的农村生活方式，享受现代城市文明带来的便利与舒适；第四个是经济活动空间的转型或曰开放化，核心目标在于将相对封闭的经济转化为开放经济。在这四重转型之外，虽然还可以列举出其他种种转型，但毫无疑问的是，这四重转型最为基础，所有其他社会转型包括人们的观念、文化生活乃至意识形态的转型，都受上述四重转型的左右。因此是判断中国社会经济转型进程，预期转型前景的基本线索。也是考察一个地区最近 30 年转型的几个重要线索。四重转型，总结起来可称为"多重转型"（multi-fold transition）。

我以为，要对"浙江模式"以及"浙江奇迹"的形成作出合乎逻辑的解释，预期下一步面临的问题，可以上述四个视点作为基本线索。

浙江制度转型：四个小区域模式的汇聚

浙江模式：市场化制度转型

浙江经济是由多个层次的小区域构成的，笔者早先的研究①认为：分科层的多层次结构，是中国经济空间架构的一大特点；从国民经济到县域经济，至少可分出六个区域科层。作为省域经济的浙江经济，内部至少可分为三个区域科层，分别为"跨地（级）市经济区"、"跨县经济区"和"县域经济"。

历史地来看，以往 30 年浙江市场化制度转型，是在多个科层的小区域同时展开的。其中四个小区域的探索具有开拓意义，并发挥了较大的区域示范效应与区域扩散效应，因而可视为"浙江模式"的原始形态：

第一个是"温州模式"。就转型的路径或方式来看，温州模式可称为"体制外创新"模式。这种模式可作如下简约描述：留着计划经济严格监管下的国有、

---

① 《中国区域经济开放：多层次多视点的考察》，载《社会科学战线》2006 年第 6 期。

集体等"公有"经济不去动它，在这条体制之外再造一个系统，这便是非公有制经济系统，实则为私有经济；待到这个系统发展到足够大的时候，再回头考虑体制内的公有经济。在温州，这条路径的探索几乎与改革开放同时开始，到 20 世纪 80 年代中期已获成效并引起高层关注，但直到 20 世纪 90 年代中期方获得突破并最终得到官方认可。即便如此，那之后依然时不时地有人质疑。我 1999 年发了篇随笔"温州力量"（载《经济学消息报》1999 年 11 月 26 日），概括了温州模式的主要特征并予以充分肯定，结果先是引出学界一些人的质疑，而后引发了一场大讨论。有研究认为，围绕温州模式的大讨论有过两次，我那篇文章引出的算是第二次。

第二种是"萧山模式"，即由前萧山市（现杭州市萧山区）开辟的路径模式。单就制度转型路径而言，"萧山模式"可称为"体制内突围模式"。所谓"突围"，就是从低效率的传统企业制度中突围，变"小公有经济"为民营经济。"突围"开始于 1992 年年末，并在之后短短数年完成。"突围"的背景有两个：一个是全国大背景，最重要的是邓小平"南方谈话"及市场导向的制度改革目标的最终确定；另一个是区域小背景。最直接的背景是，此前政府主导的工业企业体制改革陷入困局。这两个背景促成了一种改革新思路，地方政府关于这个新思路的表述是：按照建立社会主义市场经济的目标，以转换企业产权制度为核心，以股份合作制和股份制为突破口改革公有企业。具体实施办法是，将大批濒临破产的公有企业转成产权明晰的民营股份制企业或私营企业。改革启动于 1992 年 11 月，历时 5 年。到 1997 年年末，全区 98.14％的国有、集体工业企业完成了转制。转制促成了一大批具有竞争力的民营企业，其中包括万象集团等后来具有国际影响力的一大批民营企业。

第三种是"宁波模式"。同样就其制度转型路径来看，可称为"内外夹击生变模式"。具体说，就是在海外与省内两股力量的夹击下，促成了体制内公有制企业的改革。改革前宁波的情形既不同于温州、台州，也不同于萧山、绍兴，作为沿海地区重要的港口城市之一，计划经济时期的宁波就是中央计划关注的重点城市，国有企业比重大，改革难度大。在宁波经济的制度转型中，两股"力量"起了重要的作用：一股是海外"宁波帮"加外资，可称为"外力"；一股是温州、台州等邻近地区的民营经济。外力方面，以包玉刚为代表的海外"宁波帮"，对宁波地方政府改革思路施加了较大影响，而主要以合资（合作）形式介入的外商直接投资，则对宁波国有企业的转制，发挥了较大作用。"内力"方面，毗邻宁波的温州与台州，甚至北面的绍兴民营经济的蓬勃发展，无疑对宁波本地民营经济的发展起了大的示范效应与渗透效应。正是此种"内外夹击"，促成了民营经济在宁波的后来居上。

第四种是"义乌模式"，可称为"体制外市场再造模式"。义乌模式本质上与温州模式没有大的差别，都选择了体制外创新的方式，但与温州模式不同的是，义乌的制度创新发端于商品分销业而非制造业。在义乌，先留着计划经济主宰的商品分销系统不去动它，在这个系统之外，新造了一个民有、民营的市场销售系统。但这个系统的发展过程，则形成了对体制内计划经济监管的商品分销系统的"蚕食"，形成了"民进公退"与"民进国退"的机制，由此不断扩大着民营系统的发展空间。借助"民进国退"机制，义乌先发展为一个区域市场，后发展成覆盖全国的市场，最后发展成一个辐射国内外市场的国际小商品市场。与此同时，市场集聚反过来促成了周边区域的工业化，发展了一个紧密依托体制外市场的制造业，主要是小商品制造业。这个制造业的主流企业，绝大多数为私有企业。

民有民营：浙江市场化的灵魂

多层次小区域改革探索的主角，是当地民众和地方政府，内容与形式丰富多彩。正是这些小区域经济的转型探索，汇聚成了浙江经济转型探索的大潮，赋予制度转型的"浙江模式"以其区域特征。

经济体制转型的"浙江模式"，应视为所有上述"小区域模式"的融合与空间扩散。不难发现，这些小区域模式的共同指向无非两个词，即"民有"加"民营"。因此可以认为，民营化或"非公有化"，当属制度转型之浙江模式的核心内涵。

就浙江全省来看，区域经济民营化经历了两个大的演进阶段：第一个阶段从改革开放起步到20世纪90年代初期告一段落，制度转型的主基调是体制外创新，由此创造了一个庞大的非国有经济体系。但这个体系的主体组织，主要为"集体经济"。统计数据显示，1978年浙江全省按经济类型划分的工业产值结构为：国有占63.89％，集体占36.2％，私营不到1％。到了改革开放12年之后的1990年，集体工业远远超过了国有工业。当年全省工业增加值的所有制结构为：国有占23％，集体占61.3％，私营占15.7％。就是说，集体与私营加总的非国有工业比重占到77％。

第二个阶段由1992年邓小平南方谈话为契机掀起，到20世纪90年代中期获巨大突破。这个阶段制度转型的重心在于体制内"突围"，即将部分企业由体制内改为体制外，由此实现体制突围。"突围企业"主要包括了三种类型的企业：（1）产权模糊的集体企业；（2）"戴红帽子"的私营企业；（3）地方国有中小企业。"突围"历时不到五年，其间绝大部分集体企业被转成了私有企业，几乎所有的"戴红帽子"企业被摘帽。到1997年，全省工业增加值中，纯私有的工业企业增加值已占到40.6％，集体工业则下降到36.7％，民营化或非公有化趋向非常明显。

这里值得特别一提的是制度转型中地方政府的行为。有一种观点认为，浙江制度转型中地方政府大多取"无为而治"的态度，这一说法有失偏颇。就前述四个小区域制度转型实践模式的形成过程来考察，可以认为，民营化制度转型中浙江地方政府的行为，大体上有三种：一种是"无为而治"式的，以温州、台州模式的形成与发展期间的地方政府行为最为典型，义乌模式其次。另一种是主动出击式的，以萧山政府最突出，绍兴其次；第三种是顺应潮流式的，以宁波为典型。客观地来说，如若没有地方政府的有意推动，不仅萧山模式无从谈起，即便宁波模式的形成，也可能要大大推迟了。

无论是无为而治式的，还是顺应潮流式的，地方政府的行为都对"民有"、"民营"趋向的发展起了推波助澜的作用，肯定了区域体制市场化的这一核心内涵。

浙江市场化转型：遭遇外部硬约束？

浙江区域制度转型的动力机制，带有自下而上的"倒逼式"鲜明特征。我的研究认为，产业地方化及产业集聚、个人商业才能以及大众致富强烈欲望等因素一起，对于制度转型形成了一种自下而上的"倒逼式"压力机制：个人商业才能与产业地方化要求逼迫基层小区域政府从容忍、默认到鼓励的变化，小区域的改制与产业集聚逼迫更大区域的地方政府从默认到鼓励的改革，……最后这种层层倒逼的力量汇聚到省域层面，促成了全省范围的制度转型。

然而客观地来看，浙江区域制度转型迄今所突破的范围仍然是十分有限的。若以国民经济三次产业作为判断这种范围的基本线索，则不难发现，迄今为止浙江市场化转型，仅在"一个半"产业获得了突破，在另"一个半"产业，则未有大的作为，体制与别的区域差别不大。突破的"一个半"产业为"二产"和"三产"的非主体行业。说具体点就是制造业和三产中的商品批发与零售、公路及内河航运、餐饮、旅游服务以及建筑等行业。主要标志是，这些产业和行业都形成了一个庞大的地方民营经济部门，这是"浙江模式"之"民营化"特征发挥的最突出的领域，也是个人商业才能与产业地方化及其集聚发挥的最大空间所在。尚未突破的"一个半"产业，分别为第一产业（农业）和第三产业的主体行业。其中"一产"受制于全国"一刀切"的农地制度和家庭生产责任制之制度安排，区域改革与创新权限有限，因而缺乏区域创新特色。"三产"之主体行业，诸如金融、保险、主体运输（从公路网到铁路运输，从航空到远洋运输等）、电信、电力等，受到超地方政府力量的控制，制度转型的民营化与民营主宰的产业集聚无法涉足。

这就是说，区域制度转型与产业集聚的"倒逼机制"，仅限于地方政府有权处置的产业与行业，超出地方政府权限，"倒逼机制"便无能为力了！

不仅如此，就最近一两年的情形来看，制度转型的"倒逼机制"遇到了明显的外部硬约束。这方面两个现象最为突出：其一是，迄今尚未取得实质转型突破的"三产"主体行业的国有垄断在不断强化。垄断行业中的大型国企具有准"上级"政府的影响力，地方政府难以驾驭。这方面尤以铁路、能源供给、通信以及金融等垄断行业的影响力为最。别的不说，单是超地方政府对轨道交通建设的垄断与控制一项，就极大地束缚着区域经济发展和民生的改善步伐。按理说铁路等轨道交通是陆上最经济、最安全、最环保的运输手段，然而由于超地方政府垄断，其建设远远滞后于区域经济发展，地方政府被迫成天"折腾"马路，而无权修建一寸铁路。其二是，农地改革以及农村改革迄今止步不前。虽然城市里的民有、民营浪潮刮了多年，但民有、民营对于广大农民而言依然恍若隔世，多数农民迄今对自己的祖宅所享有的产权都是不完整的。至于耕地产权，就更不能碰了！这些都大大超出了地方政府的权限。

目前来看，在世界经济衰退和中国经济回调的大背景下，随着各级政府刺激经济财政的形成，审批制悄然回潮，国企财力悄然大增，大型国企借重组、并购等名堂在明目张胆地提升垄断程度。这一切，都与浙江模式以往路径所倚重的方式——民有、民营——格格不入。

但这同时还可看到，地方政府的行为似乎也正在发生某些微妙的变化。在发生了绍兴江龙集团的老板携款出逃、台州飞跃等大型民企濒临破产的危机之后，地方政府出于避险考虑，显然在加强对民企的干预。与此同时，在各种"保持与上面一致"的口号下，政府以往对民有、民营鼓励的态度似乎正在抽紧，而通过企业党建、工（会）建、政府融资支撑等方式，越来越多地介入民有、民营的经济实体之中。

令人担心的是，如若抽去乃至削弱民有、民营内涵，"浙江模式"势必将失去创新动力，这一点值得各方去深思！

（本节观点较详细的论证见作者论文：浙江模式：一个区域经济多重转型范式，原载《浙江社会科学》2009 年第 2 期，第 22—31 页）

工业化与产业集聚：三条演化线索

虽然工业化—产业发展和制度转型两个进程是密不可分地联系在一起的，但出于分析论说的简便起见，前面先谈了制度转型，现在聚焦于工业化—产业发展，来梳理这个进程区域演化的动力机制。

理论上说，一个地区的工业化进程同时涉及三个并行的命题：一个是产业集聚区的形成，这是个空间经济学命题；另一个是产业组织的形成及其演化，这是个介于产业经济学与微观经济学之间的命题；第三个是企业家才能的形成与集聚，这是多个经济学分支学科所关注的重要命题。动态地来看，这三个命题实际上导出了三条线索，可借以考察区域工业化及其动力机制。

第一个是产业地方化—产业集聚与产业集聚区的动态演进。产业地方化是个古老的经济学命题，由经济学大师马歇尔最先提出，其在 1890 年（《经济学原理》）后为保罗·克鲁格曼纳入新经济地理学范式。这一点可从克鲁格曼 20 世纪 90 年代出的一本小册子中看出。那本小册子的名字是《地理和贸易》，有中译本（张兆杰译，北京大学出版社 2000 年版）。

所谓产业地方化（industrial localization），就是特定产业在特定地域落地生根的现象。马歇尔最早关注了这种现象。克鲁格曼将产业地方化命题与产业集聚命题予以"对接"，由此隐约地形成了一个关于产业集聚区形成与扩展的三个"散点"，分别为产业地方化、产业集聚与产业扩散和产业区移动。我试着将这些"散点"串在一起，理出了一个由三个阶段构成的叠进过程。三个阶段分别为（1）产业地方化，可视为一个地区产业集聚的初始阶段；（2）产业集聚，这是一个地区特定产业由小到大的扩展阶段；（3）产业集聚区的扩散乃至转移，这是集聚到了一定程度之后，导致集聚的离心力与向心力力量对比发生变化之后的事儿。我以为这里关键的阶段是集聚，集聚形成核心—外围的空间经济模式，后者是新经济地理学的核心命题。这个三阶段的叠进，可借以考察区域产业发展。

就浙江经济最近 30 多年间工业化进程中主要产业区的形成与演进的简短历史来看，20 世纪 80 年代、90 年代以及新世纪以来的时段，大体上代表了这三个阶段叠进的"时间序列"。具体而言，20 世纪 80 年代，浙江多半区域处在产业地方化阶段，特定产业在特定地区开始落地树根。20 世纪 90 年代，产业集聚区崛起，省内产业核心—外围空间构架凸起。进入新世纪以来，此前形成的产集聚区开始分化，先是突破县域经济藩篱，进而突破省域经济藩篱，在不断扩大的空间范围内移动与重构①。

第二个线索是产业组织的演进与嬗变。产业发展必然伴随着产业组织自身的变化与进化，略微归纳一下古典政治经济学的理论分析，尤其是对工业化先行经济体的大量经济史研究，便不难发现，产业组织的演进多半也显现出阶段叠进的

---

① 温州等地企业外迁曾一度引起地方学界与地方政府担忧。

特征。马克思曾在"资本主义生产组织的变迁"①论题下，就工业革命期间英国产业组织演化提出了三个阶段：（1）以简单协作为基础的手工工场；（2）以分工为基础的手工工场；（3）以机器大工业为基础的工厂制度。工业化先行国家的历史证明，工业化初始时期，亦即产业地方化时期，主流产业组织多半属于家庭作坊式的。进入工业化高潮，脱离家庭与血缘关系的股份合伙企业成为主流；之后是近现代企业集团的兴起。整个过程中，从家庭作坊式企业到近代合伙企业或"工厂制度"的嬗变最为关键。布罗代尔描述了欧洲古典工业化进程中家庭作坊并入近代工厂的过程："新建的工厂和企业因而最初在招工时往往接纳的不是个人，而是整个家庭，工人主动表示愿意合家来到矿井或棉纺厂工作。在贝里的罗伯特·皮尔工厂，1801 年至 1802 年间共雇佣 136 人，其中 95 人属于 26 个家庭。家庭作坊就以这种方式进入了工厂，其优点是劳动纪律较好，工作效率较高"②。

就浙江典型工业化产业集聚区非公经济部门的产业组织演化来看，也与欧洲古典工业化早期历史惊人地相似，大体上也经历了三个阶段：（1）个体户或家庭作坊式企业，这是 20 世纪 80 年代非公部门的主流经济组织；（2）股份合作企业，出现于 20 世纪 80 年代，但只是到了 20 世纪 90 年代中期才为官方明确肯定；（3）集团企业。这是进入新世纪之后非公营部门产业组织发展的大势。

第三条线索是企业家精神的形成与演化。企业家精神或企业家才能是企业的灵魂，是产业地方化、产业集聚与创新的基础动因。马歇尔曾将其原始形式——"工业家才能"视为产业地方化的重要诱因之一。马歇尔认为，产业地方化或特定产业在特定地域落地生根，进而"长久地在该地发展"，并不是没有原因的。

---

① 转引自崔向阳、钱书法：《论马克思社会分工制度理论的科学内涵及其理论贡献》，中央编译局网站（2010-8-24）：http://www.cctb.net/llyj/llgc/basictheory/201008/t20100824_23229.htm.

② 布罗代尔：《15 至 18 世纪的物质文明、经济和资本主义》（第三卷），施康强、顾良译，生活·读书·新知三联书店 1993 年版，第 689 页。

马歇尔基于英格兰工业革命期间主要产业区形成的历史案例考察，提出了三个诱发产业地方化的"偶然因素"：（1）自然条件；（2）统治者有意无意的安排或曰"宫廷的奖掖"；（3）包涵了个人商业才能在内的"工业家才能"。[①]他认为这些"偶然因素"中，前两个因素的任何一个都可单独诱发或催生特定产业在特定地区的地方化，后一个因素则有待于"商业的便利"环境的激发。[②]

沿着马歇尔的视野，略微考察一下浙江改革开放以来地方工业化发展的历史与典型案例便不难发现，在诱发产业地方化的三个偶然因素中，最具浙江地域特点的，当首推"个人商业才能"。这个要素实际上可归入马歇尔提出的"工业家才能"范畴之下，但仅是马歇尔所提炼的两种基本的"工业家才能"中的一种。他所认定的工业家的两种基本才能分别为：（1）个人商业才能，或他所说的"作为商人和生产的组织者"所须具有的"知识"；（2）"天生的领导者"才能，即能够"恰当地选择他的助手，并信任他们的能力"。布罗代尔基于英国工业革命史的研究，认为工业家和他们之前的产业组织者不同，他们之前的产业组织者主要是批发商人，这些人集商业活动、制造与金融运作于一身。正是从批发商人中间，"工业家脱颖而出"。后者不同于前者，他们"派给自己的任务，就是掌握主要的新技术，牢牢控制工头和工人，精通市场变化，以便利用各种必要的杠杆，亲自指导生产。他们力图摆脱商人的中间环节，亲自掌管原料的采购、运输，保证其质量和均匀供给。"[③]布罗代尔还认为，在英国，这种生产组织者代表了两个不同的时代，其历史蝶变发生在 18 世纪末和 19 世纪初。此前是"批发商无处不

---

① 原话是："理想的工业家所需的才能。"参见马歇尔：《经济学原理》（上卷），朱志泰译，商务印书馆 1964 年版，第 281—283 页、第 309—311 页。

② 值得注意的是，马歇尔对于前两个因素说得很明确，第三个因素则较含糊，时而强调"商业的便利"，时而强调"工业家才能"。参见同上。

③ 布罗代尔：《15 至 18 世纪的物质文明、经济和资本主义》（第三卷），施康强、顾良译，生活·读书·新知三联书店 1993 年版，第 692 页。

在"的时代，那以后"工业家开始脱颖出来"。理论上来看，无论马歇尔所说"工业家才能"的两种基本要素，还是布罗代尔描述的两个不同时代的产业组织者，都可归入后来经济界所说"企业家精神"的范畴。但显然还不能与现代意义的企业家精神画等号。我们还知道，自约瑟夫·熊彼特以来，经济学家们所说"企业家精神"的内涵日益宽泛化，除了纯商业内涵而外，加上了越来越多的文明内涵！除了马歇尔所说的两个基本要素之外，至少还包括了应对风险的能力、"创造性破坏"才能以及社会责任等。实际上这里我们不难发现，从马歇尔到布罗代尔再到"后熊彼特"乃至"后奥地利学派"，关于企业家精神的形成与演化，也有个三个"散点"，分别为"商业才能"或商人的才能、"工业家才能"以及现代意义的"企业家精神"，这些"散点"所形成的叠进，实际上可视为工业化进程中企业家精神演进的三个阶段。

就浙江最近 30 年以来区域工业化—产业发展进程中微观要素的形成来看，企业家精神的形成与演化，多半也在沿着上述三个阶段进行。其中第一个阶段恰恰发生在改革开放初期的产业地方化阶段。其时浙江缺乏完整意义的"工业家才能"，不可能有现代意义的企业家才能，有的多半属于马歇尔所说的"工业家才能"两个具体形式的一个，亦即个人商业才能。20 世纪 80 年代代表浙江区域经济发展最大特色的"温州模式"，曾被费孝通教授概括为"以商带工"，认为主要靠了一批具有经商才能的乡村"能人"①。第二个阶段发生在 20 世纪 90 年代之后，随着区域制造业集聚而形成较完整的"工业家才能"，涌现了一批具有全国影响的民营企业经营家。这些人不仅具有商业眼光，而且具有领导者与组织者素养。第三个阶段大体上随着新世纪而拉开帷幕，宽泛意义的企业家精神开始形成，民营企业经营者不仅热衷于企业经营，而且开始考虑技术与管理创新，甚至

---

① 费孝通：《小商品 大市场》，载《志在富民》，上海人民出版社 2007 年版，第 186—200 页。

关注企业社会责任意识。动态地看，个人商业才能是随着区域工业化与产业集聚而得以升华，并最终演化为现代意义的企业家才能的。这种演化，也随着产业区与产业组织的"双重叠进"而得到叠进或提升。"叠进"的两个阶段明晰可鉴：一个是个人商业才能发挥作用的阶段，另一个是企业家才能上升的阶段。介于这两个阶段之间的时段，可视为一个"混合阶段"，这个阶段发挥作用的，多半可归入马歇尔意义上的"工业家才能"范畴。

综合起来看，区域产业发展视域下的上述三个叠进之间，不仅彼此依存，互为动因，而且在演化阶段叠进上彼此联动，构成同一个交互错落的"时间序列"。其互动联系所引出的相应的"时间序列"，可以图3予以描述：

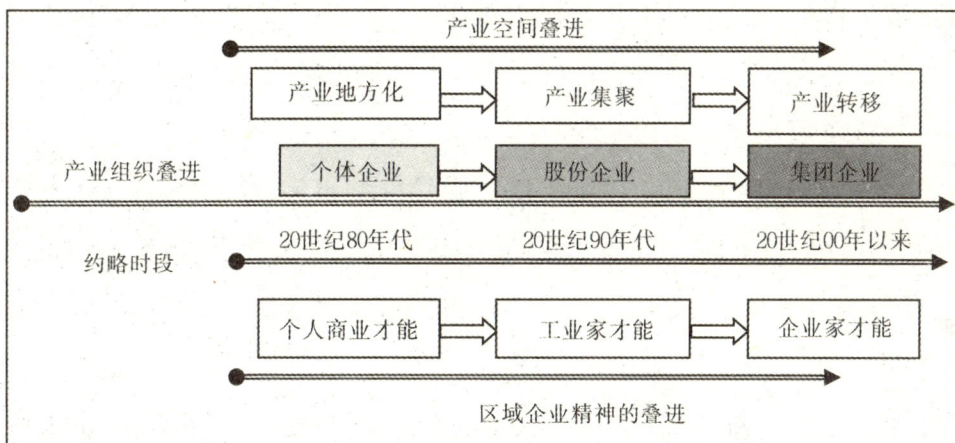

图3 三个叠进互动引出的"时间序列"

资料来源：作者自绘

区域城市化：新古典"老板进城"模式

浙江城市化，"新古典"老板进城模式

浙江区域经济转型的核心内涵，除了体制市场化而外，就是工业化与城市化

了。这两个进程实际上是联系在一起的。具体说，城市化既是工业化的内涵，也是工业化的外延——延展性扩展。没有工业化就没有城市化，工业化的模式决定着城市化的模式。我们早先的研究认为，浙江工业化路径模式带有"新古典"特征，现在看来，区域城市化与工业化一脉相承，也采取了"新古典"的路径。说具体点，就是"老板进城"模式。

先看城市化"古典"的一面。略微研究一下英格兰西北部工业化与城市化的历史便不难发现，18世纪和19世纪，那里的工业化最初发生于乡村，第一批老板大多是农村土生土长的小手工业者或小业主，将企业办在自家土地上，尤其是那些有水力可资利用的丘陵野地，有林木、木炭可资利用的林区。后来随着财富积累加上技术革命，这些业主们纷纷将企业由乡村迁入小城镇，由此将原本不大的城镇变成了工商业重镇乃至大城市。这一点，曼彻斯特尤其是其附近索福尔德市的兴盛最具代表性，以致有经济史家将19世纪中期的曼彻斯特称为"未曾合并的村庄"。由此可以认为，古典工业化进程中的城市化，主导力量是私营企业主或"老板"，关键机制可称为"老板进城效应"。这个效应的具体发挥机理是：老板进城与企业迁移在先，广大农村劳动者进城在后。说白了，是老板进城带动了"打工者"进城。

客观地来考察浙江最近30年以来城市化的简短历史，也不难看到"古典城市化"的这些影子。实际上，最初的民营企业，尤其是体制外新办的民营企业，大多落户于乡村而非市镇，乃至一度有"村村冒烟，户户办厂"现象。稍后，随着大批农民企业经营者的"脱贫致富"，越来越多的经营者或"先富起来的人"开始在县城购买住宅，将子女迁入小城镇。再后来，随着县域经济的"开发区热"，原本落脚于乡村的企业纷纷进城，迁入县（市）政府辟出的"开发区"或产业园区。企业迁移带动了农村居民的进城，这一浪潮导致了众多小城镇的崛起与繁荣。其中温州苍南龙岗作为"农民城"的兴起，就是最典型的例子。在这种城市化浪潮中，"老板进城效应"显然发挥了巨大的推动作用。就这一点来看，浙江的城市化，也带有欧洲古典城市化路径的影子：老板与企业区位变动起了主导作用。

但值得一提的是，两种城市化背景明显不同：欧洲18世纪和19世纪城市化浪潮中进城的农民，大多与乡村脱离了产权联系，要么将乡村的自有土地变卖了，要么在先前漫长的商业化尤其是"圈地运动"中早就失去了土地，成了无地的手工业者。由于中国农地改革尚未触及土地产权，在浙江，顺应城市化浪潮进城的农民，大多带有"离乡不离土"的特征，多数进城农民一方面与乡村土地保持着法律联系，另一方面则难以获得城市居民的完全身份，由此导致了城乡之间乃至城市内部的制度分割与社会分割。

浙江城市化路径，与京津冀相左

如果进行若干区域比较研究便不难发现，浙江城市化模式，既不同于珠江三角洲路径模式，也不同于环渤海核心区域京津冀模式。笔者早先的研究将珠三角的工业化模式称为外资导向型的。这种模式下乡村工业化的资本来自城市，说具体点，无论是外资还是内资，最初首先集聚于大城市，其后迅速扩散，投向中小城市乃至乡村，出现"投资下乡"浪潮。改革开放初期珠三角的大城市，当首推香港，因此在一定程度上可将香港资本以及通过香港集聚的国际直接投资向珠三角地区的流动，视为一种独特的"投资下乡"运动。是香港这个大都市所集聚的FDI的"下乡"，撒在了毗邻香港的珠三角地区，推动了那里的乡村工业化。至于深圳特区，完全是在毗邻香港之地再造的一个都市，这个都市一经崛起，就发挥了资本集聚与扩散中心的作用。事实上，深圳不仅吸引来大量外资，而且引来更多的内资。许多内外资本将深圳作为跳板，一经落地便被迅速撒向珠三角的乡村。由此促成了东莞、顺德、汕头等地的工业化和城市化，将那里的乡村就地转化为城镇，将小城镇转化为较大的都市，或者变为深圳与广州等大都市的郊区。

浙江城市化路径模式与珠三角不同，但与"苏南模式"下的城市化则殊途同归，同归于"长三角模式"。关于城市化的长三角模式，早先我的研究将其称作"小城镇集聚模式"。由于小城镇聚集，不仅造就了大批繁荣的中小城镇，而且还推动了原有中等城市的大城市化。在浙江，前一类城镇中，早先最有名的要数温州的龙港、鳌江，台州的路桥、黄岩，绍兴的柯桥等城镇，后来出现县城聚合趋向。其中金华的义乌与东阳的城区几乎要连成一片，而宁波的余姚与慈溪两市，已经在实施联建中心城区的规划。后一类城市，当首推杭州和宁波。这两座城市，改革开放初期充其量只能算中等城市，但随着工业化与都市化的迅速推进，已经或正在跃入特大城市的行列，它们的经济规模则超过中部一些"特大城市"。与浙江相似，苏南一大批繁荣的小城镇不仅在向城市群发展，而且在推动原有中等城市的大都市化。这方面苏州是个标杆，跟在后面的是无锡、常州、南通，等等。

就区域城市空间结构来看，包括"浙江模式"在内的长三角城市化模式所催生的城市群，与囊括了港澳特别行政区在内的珠三角城市化引出的城市群，彼此有些相似。最相似的地方，在于大城市与中小城镇相互依托，同步发展与共享繁荣，形成一个城市"生态"体系。犹如一个自然生态体系那样，其中有大树也有小树，有树木也有"小草"。但和环渤海核心区之京津冀城市空间结构不同。京津冀城市化带有层层掠取资源倾向，从特大城市而大城市再到中小城市，层层掠取资源。结果是特大城市疯长，小城市被边缘化，甚至出现"大树底下不长草"现象。早先基于全国"千强镇"分布的研究显示，长三角地区千强镇最多，占了全国总量的62％以上，其中浙江一省就占全国总量的26.5％。珠三角占全国的12％以上。而环渤海核心区京津冀拥有的千强镇，不到全国的6％！

浙江城市化，遭遇高房价

相对于大多数地区来看，浙江城市化形成的大中小城市共存共荣，同步发展的"城市生态系统"，不失为人多地少地区城市化的一种明智选择，这一点当予以肯定。然而值得注意的是，近年浙江城市化遇到了一个"死结"，这便是城市高而飞涨的房价。首先是区域城市房价总体水平高居全国前茅。新近公布的《2009 年 7 月中国城市房价排行榜》揭示，浙江温州市房价继续领跑，新房均价高达 17116 元，超过上海（15404 元），而杭州新房均价 15277 元，高过北京！其次是，不仅大城市房价奇高，而且中小城市房价也飞涨。温州、义乌不说，就是人均 GDP 仅有数千元、职工工资也就 1 千多元的山区小城，房价也高得吓人。有报道说，近一两年以来，人均收入排名全省末尾的丽水、衢州等地，房价涨幅高居全省前茅！实际上，据我的实地考察，目前浙江一些中等城市的房价水平，已经达到乃至超过了日本关西类似区位的小城市房价。而如果以人均收入与房价水平比计算比较，则浙江大中城市房价与大众收入之间，已经形成了巨大的缺口。目前欧美发达国家中产阶级年收入与城市房价之间的比率，也就 3～6 倍，即使像日本这样有名的人多地少同时人口高度集聚于大城市的国家来看，也仅在 4～6 倍之间。笔者实地考察得出的印象是，以关西人口高度集聚区京都为例，一个教授的年收入与城市近郊"小别墅"价格比率，也就 4～6 倍，就是说 4～6 年工资足可买一幢近郊小别墅。而教授工资在日本并不算高。反观国内大城市，这个差距已经大得令人瞠目。仅以杭州市为例，目前城区房价动辄 2 万～3 万元/平方米，即使按照"高收入"之"入门级"收入水平（12 万元/年）推算，一套普通单元房与其收入比至少在 15 倍以上。而年收入 12 万元以上者在当地仅占少数！

高房价不仅令大众深恶痛绝，而且其后患无穷。最大的后患，当包括对城市化的扭曲了。前已论及，浙江城市化采取的路径模式，以"老板进城效应"为基本特征。具体说，先是大大小小的老板"进城"，在大小城市安家落户。跟在他们后面的，则是成千上万的打工者，他们也渴望在城市安居乐业。这原本是城市化的古典模式。但在浙江我们不无遗憾地看到，原本分散在乡村的成千上万的老板的确率先进城了，跟在他们后面的数以千万计的打工者也多半进城了，然而前者在城市购房买地、落户生根了，后者面对城市的高房价只能"望房兴叹"，要么依然奔波于城乡之间而"离乡不离土"，要么以"农民工"身份屈居城市"边缘人"之列。"古典城市化"到此打住了！

关于高房价形成的原因，有人归因于地方政府利益驱动的"限量供地"，有人归因于"炒房团"的推动。但在我看来，这些都是浅层的原因。经济学常识告诉我们，任何商品的价格均由供求力量的相互较量所决定。房地产价格也不例外。就浙江的情形来看，房地产供给一边最大的"短缺"局面，是城乡分割的不动产产权制度导致的。目前仅仅市场化了很小一部分房地产，而将农村农民的房地产打入"小产权"之另类。由此人为限制了供给，导致了短缺。就需求一边来看，就浙江情形来看，城市房地产的最大需求，并非居住，而是投资。客观地来看，浙江大大小小的老板，几乎每个手里都捏着一些房产。这些房产实际上成了老板投资的重要对象。实际上不仅个体老板，大多数中小企业，都将房产作为投资与融资的重要载体。"房地产金融"在这里实际上成了银行金融的重要替代。

这方面温州最为典型，名扬天下的"温州炒房团"现象，实际上是温州老板投资"产业升级"的一种方式。先行工业化国家的历史表明，一个地区工业化、现代化进程中的主宰产业往往会发生三个阶段的变化：第一个阶段是商业时代，哪个地区控制了商品营销渠道，便在区域竞争中居于不败之地；第二个阶段是制造业时代，哪个地区掌握了制造工业产品的技术，便在区域竞争中立于不败之地，第三个阶段是金融时代，哪个地区成了金融中心，便在地区竞争者居于优势地位。然而我们不无遗憾地看到，温州在前两个阶段都获得了成功，唯有第三个阶段，即金融时代被排除了出去。原因很简单，金融体制迄今未有实质性改革！温州不可能成为金融中心。金融未改，积累了大量货币财富的温州人失去了投资方向，只好去炒地皮、炒股票了。而各种炒作，对于房地产价格无异于推波助澜。高居不下且还在飞涨的房价，正在把区域城市化推入一个死角。这可看作一种制度转型滞后逼迫出来的扭曲了。

浙江区域经济开放：由区际化而国际化

区域层面的经济开放，属于"二重"开放

经济活动空间转化或曰开放，在国民经济层次与区域经济层次的内涵不完全相同。早几年我在研究中就已提出，在国民经济层面，经济开放可单纯地理解为国际化或对外开放，但在区域经济层面，经济开放则属于某种"二重开放"：一重是对外开放或区域经济国际化，另一重是对内开放或区域经济区际化。

"二重开放"是个客观存在，这一点是不容置疑的。然而值得注意的是，这个客观存在却长期为经济研究者所忽视了。由此我们不无遗憾地看到，关于经济开放或开放经济的研究，几乎无一例外地聚焦于国际化或对外开放一边，而一国内部地区之间的开放则受到相对乃至绝对的冷落。进而，鲜有将国际化与区际化统筹考虑的研究。关于这种情形生成的原因，我的思考提出两个视野：一个是理论的。理论上来看，西方主流经济学之一般均衡框架长期内无法容纳空间因素，区域经济研究长期被排除在"主流"之外。即使在克鲁格曼、藤田昌久等创立了新经济地理学之后，主流经济学涉及空间问题，往往仍然表现出某种"二分思维"：要么是有国家－无区域的（比如主流国际贸易理论），要么是有区域－无国家的（比如空间经济学）。另一个是历史与现实的。历史地来看，当代西方主流

经济理论几乎全部基于成熟市场经济以往经历的现实，在先行工业化国家，市场经济体制的形成无一例外地要先于工业化经济起飞，国内市场的统一大多先于国际化。即使像美国这样的原本由一些分立的殖民地组合成的"合众国"，建国伊始的宪法就在力图排除限制区际贸易的人为因素，奠定了国内区际开放的制度基础。因此对这些国家而言，区际贸易、区际开放并不在话下。

中国的情形与先行工业化国家极其不同。我早先的研究揭示：先行工业化国家的区域经济开放通常肇始于两个条件：一个是明确的私有产权制度，另一个是繁荣的地区（内）贸易。一般地来说，正是私有产权制度促成了区域性市场的形成和地区贸易的兴旺，而兴旺的地区贸易，则成为区际贸易（interregional trade）发展的支撑点。中国的情形则不然，改革开放初始时点，区域开放的这两个肇始条件都不具备：长期的公有制计划经济扼杀了这两个条件！限制区际贸易及区际要素流动的障碍，比之限制国际贸易及外资流入的障碍有过之而无不及，即使在改革开放 20 年后，虽然对外开放业已获得巨大成功，但内部区际开放依然举步艰难，"地方保护主义"一度非常盛行。而内部区际开放对于中国地区发展以及国内统一市场的形成至关重要。

这样来看，原本在先行工业化市场经济国家不在话下的发展，到了中国，到了作为转轨经济的区域经济层面，却成了一个重要问题，因而值得予以专门研究。

浙江区域经济开放：以往路径模式

按照工业化进程中区域经济这种"二重开放"重心的变化，我曾鉴别出两种典型的区域经济开放路径模式：一条路径由国际化开始而落于区际化，另一条反其道而行之，由区际化发起而落于国际化。研究还揭示，中国两大三角洲的"二重开放"路径模式截然不同：珠三角的区域经济开放路径模式，总体上带有先国际化后区际化的特征，长三角的区域经济开放路径模式，则带有先区际化后国际化的特征。在我看来，长三角之先区际化后国际化的二重开放路径模式，浙江最为突出，江苏其次，上海又其次。实际上区域经济开放的长三角路径模式，最初主要是由江苏、浙江两省民间力量蹚出的，其中浙江在区际开放方面的捷足先登，起了较大的区域示范效应。

由区际化而国际化的浙江区域经济开放之路径模式，可从两个进程的区域比较中较为清晰地看到：一个是区域产品市场空间结构的演进；另一个是区域投资来源结构与流动态势变化。前一个比较可以对外贸易扩张为基本线索。具体到浙江，可以两个数据为基本依据：一个是外贸规模变化轨迹；另一个是外贸依存度变化轨迹。统计数据的"时间序列"显示，改革开放迄今的浙江外贸，大体上经历了三个阶段的夸张：（1）1991 年之前的起步阶段，期间外贸进出口由区区几千万美元扩张到 38 亿美元；（2）1992—1999 年的渐进扩张阶段，期间外贸总额和出口总额双双突破百亿美元，1999 年外贸总额 183 亿美元，出口 128 亿美元；（3）2000 年之后的超高速扩张阶段。短短数年时间，外贸总额和出口总额双双突破千亿美元大关，2008 年分别为 2112 亿和 1543 亿美元。外贸规模扩张的三个阶段意味着，浙江商品市场结构发生了由基本依赖国内向高度依赖国际的转变。

外贸绝对规模扩张的上述演进阶段，反映在相对规模变化上，是外贸与出口依存度的变化轨迹。同样的时间序列数据显示，1988 年之前，浙江外贸依存度和出口依存度均低于 10％，1993 年之前均低于 20％，1999 年前者低于 30％，后者则低于 20％。但进入新世纪之后，依存度直线上升：2003 年分别达到 54％和 36％，2007 年则分别达到 75％和 54％。这种变化意味着，对外贸易因而外部市场对于浙江经济的重要性，是由最初微不足道的程度渐次提升的，越到近期其重要性越大。进入新世纪以来，浙江一半以上 GDP 的实现，对于国际市场存在不同程度的依赖性，国际市场对于省域经济运行的重要性，或已超越国内市场。

外贸扩张轨迹及区域经济对于外贸依存度的演进轨迹，从一个侧面反映了浙江产出市场依赖重心由国内而国外的变化。这里的逻辑联系是不难推断的：相对于国民产值规模的外贸依存度持续上升，意味着区域产出对国际市场依赖程度的绝对上升，反衬出区域产出对于国内市场依存度的相对下降。

另一个是投资流动视野。投资来源结构与投资流动变化方面，直接投资流动是条重要线索。这方面有三个数据可资利用：（1）区域利用FDI规模变化。转型30年以来虽然浙江引进外资政策环境与江苏、山东等沿海省份大体一致，但实际规模远远小于江苏，甚至小于山东。在1992年之前可视为一个探索阶段，此前全省累计引进FDI仅10亿美元左右；1992年之后可视为起步与较快增长阶段，但直到世纪转折前后，年度FDI流量才达20多亿美元，规模与山东不相上下，远远少于江苏；进入新世纪之后可视为快速增长阶段，年度引进FDI由20多亿美元猛增到百多亿美元。（2）区域投资对于外资的依赖程度。前已论及，浙江工业化中前期发展的一个重要特征，就在于资本的内源性，对内资依赖有余，外资依赖程度相对乃至绝对的低。纵向考察可以发现，这种状态在1992年之后才有所变化。具体说，在1992年之前，除个别年份而外，外资占浙江固定资产投资的比重一直在4%以下，1992年之后迅速攀升，超过了10%。那以后连续多年保持在9%～12%之间。（3）FDI对于区域经济活动的重要性。可从两个指标的变化看出：一个是区域经济之FDI依存度，即FDI流量占当年区域GDP比重。这个比重在1992年之前一直不到1%，1992—1995年攀升到3%以上，那以后直到2003年多年保持在2%～4%之间，2004年以来则持续保持在4%以上。另一个是外资企业在浙江对外贸易中的重要性变化。纵向来看，20世纪90年代中期之前，外资企业在浙江对外贸易中几乎没有影响，只是进入20世纪90年代中后期，其影响才迅速得以提升，外资企业出口占全省比重先后突破10%和20%。进入新世纪以来进一步突破30%，近期则已上升到1/3以上。

区域经济国际化时间序列变化,清晰地勾勒出浙江区域开放国际化后来居上的演进轨迹,若留意到如下背景,则可以认为,浙江区域经济开放所取路径,带有先区际化后国际化的鲜明特征:远在外贸外资快速扩张之前,即自改革开放初期到20世纪90年代中期,浙江人率先建立了一个覆盖全国的低档工业品经销网络,这个网络既是个庞大的商品销售系统,也是个庞大的国内市场信息交换与资源吸纳系统。由此率先形成了区际开放的格局。正是在建立初步的区际开放系统之后,"浙商"才大举进军国际市场的。这一点与沿海许多地区不同,尤其与珠三角地区明显不同。

浙江区域经济开放:处在新的转折关头

纵向考察不难看出,浙江区域经济"二重开放"重心由区际化而国际化的转换,开始于20世纪90年代中后期,到21世纪初叶两三年最终成型。客观地来分析,区域经济开放重心的转换,并非浙商们的主观意愿所为,在很大程度上是当时的"形势所迫"。具体说是由三个彼此呼应的变局,促成了浙江企业与制造业的市场调整:

第一个是国内市场变局。最大的变局是"短缺经济"的逝去与"过剩时代"的突然降临。大体上在1996年或1997年之后,中国明显地告别了计划经济时期的顽症——货品短缺,尤以一般消费品市场逆转为先,浙商所从事的重头制造业,恰恰是传统消费品制造业。伴随短缺经济逝去的是企业间债务链条的凸显,"三角债"一度蔓延,企业深受其害。正是国内市场的这种"变局",促使大批"浙商"寻找出口机会,由此开始了大规模的国际化探索,这种探索主要围绕输出商品展开。

第二个变局是国家层面关于沿海区域对外开放战略的调整,最大的调整是以上海浦东为龙头的长三角对外开放战略的推出,由此将早期仅限于珠江三角洲等地区的对外开放部分优惠政策施与浦东及其邻近地区。这对浙江的对外开放产生了较大的示范效应。客观地来说，恰是上海浦东的开发与开放，带动了整个长三角地区的对外开放，在这股开放浪潮中，浙江民营企业受益颇多。

第三个变局是加入世界贸易组织。这方面对浙江经济国际化最有力的刺激，当首推外贸经营权的放开。原本由国家外经贸主管部门控制的外贸进出口经营权，对民营企业进入限制最多，随着加入世界贸易组织尤其是兑现"入世"承诺，外贸经营权由严格审批而渐次放松，直到最后近乎完全放开，由此刺激了浙江民营企业的进入，推动了浙江区域经济的对外开放。

显而易见的是，上述诸因素的"合力"，推动了浙江经济微观主体市场定位的率先转换，越来越多的企业涉足国际市场，由此汇聚成巨大的能量，掀起了区域经济国际化开放浪潮。与此同时，新世纪初期中央政府推出的"走出去"国家战略，也刺激了浙江民营企业的国际化。恰是这种持续的国际化浪潮，促成了浙江区域经济"二重开放"重心的转换，由早先的片面倚重区际化而转向倚重国际化。大量案例表明，到了新世纪初叶，除了乳品饮料、保健品等少数制造业行业而外，多数行业的企业都在倚重外贸，对于浙江许多行业的企业而言，国际市场远比国内市场重要得多。前者最典型的要数娃哈哈、青春宝等企业，后者从打火机、领带制造到服装、鞋袜，从圣诞蜡烛到电动车制造，应有尽有。到了最近的时点即 2008 年，浙江进出口总值高达 2112 亿美元，其中出口 1543 亿美元。外贸依存度高达 67％以上，出口依存度超过 50％，仅次于广东省！

然而值得注意的是，同样到了最近的时点即 2008 年，上述推动浙江区域经济开放重心国际化调整的变局因素显然在迅速减弱，取而代之的则是相反因素的显现。所有因素中也有三个变局因素最值得注意：其一是国际市场变局。最突出的变局是"Made in China"之大宗——低附加值制造品——市场趋于饱和，扩张空间越来越小，受到主要贸易伙伴政策的打压越来越多，贸易净福利销蚀殆尽。表面上看，这个变局由一场空前的世界经济衰退引发，实际上衰退只是导火索，将早已潜伏的约束条件明朗化了。还在此次衰退发生之前，"中国制造"在全球市场面临的约束格局实际上就已经形成，依赖低成本扩张的中国货成了"价廉物美"的代名词，这中间浙江占了很大的份额。其二是政府政策变局。还在此次衰退发生之前，中央政府就已经在开始花力气刺激内需了，鼓励出口抑制进口的贸易政策调整首当其冲，2008 年之前多次降低出口退税率就是最明确的信号，只是后来突然发生的危机打断了这种政策调整；其三是国内市场变局。随着中国人均 GDP 突破 3000 美元，沿海多数地区突破 5000 美元，国内大众消费浪潮正在形成，13 亿人口意味着中国具有全球最大的潜在市场。这一点全世界有远见的企业家几乎都看到了。这一切都在形成新的约束条件。与上一次面临的形势相似，这些新的约束条件及其变局，无疑在刺激浙江企业做出新的选择。新选择的一条明朗出路无疑是重返国内市场。这一点无疑乃大势所趋。若仔细研究案例便不难发现，一些有远见的企业已经在这样调整了。可以预料的是，企业层面的调整势必将再次改变浙江区域经济二重开放的重心！

（本节 2009 年 10 月 10 日写于杭州）

浙江模式：何以突围？

归纳一下前述各视点看到的浙江困局，当不难理出四个方面的约束条件。我把这称作"四因素合围浙江模式"：

第一个是制度因素。作为浙江制度转型灵魂及活力源泉的"民营化"，实际上早在加入世界贸易组织履约结束前就已止步不前了。卡壳卡在了"一个半"产业的改革停滞上，分别为第一产业（农业）和第三产业的主体行业。

第二个是产业发展因素。由于这个约束，各方喊了多年的"产业升级"迄今未有明显进展，尤其是未能适时形成与本地民营经济贴近的正规金融业，由此面临的问题是，许多制造业可能被边缘化。我曾在多处讲过，在工业收尾期，区域之间的竞争主要依托金融业，哪些率先形成金融中心的地区，将会在区域竞争中居于不败之地，别的地区则多半会被边缘化。

第三个约束直奔区域城市化，最直接的约束与高房价联系在一起。前已论及，浙江城市化采取的路径模式，以"老板进城效应"为基本特征。先是大大小小的老板"进城"，在大小城市安家落户。跟在他们后面的，则是成千上万的打工者，他们也渴望在城市安居乐业。这原本是城市化的"古典模式"。但在浙江却遇到狙击：成千上万的乡村老板的确率先进城了，并在城市购房买地、落户生根了，但跟在他们后面的"打工者"无力购房，只能"望房兴叹"，要么依然奔波于城乡之间而"离乡不离土"，要么以"农民工"身份屈居城市"边缘人"之列。"古典城市化"到此打住了！

第四个约束冲着区域经济"二重开放"。浙江区域经济二重开放采取从区际化到国际化的路径模式，国际化后来居上。然而自2008年金融危机以来，出现了一系列变局。先是国际市场收缩，"中国制造"全球市场趋于饱和，扩张空间骤然缩小。接着是政府政策调整。由那之前的鼓励出口变为刺激内需。最后是国内市场变局。随着国内大众消费浪潮的兴起，国内市场骤然升温，长期靠出口扩张的许多浙江民企形成某种"路径依赖"，一时难以跟进。

不难看出，四因素合围浙江模式的亦步亦趋，意味着在终止"浙江奇迹"。

客观地来分析，在前述四个合围浙江模式的重要约束条件中，制度最为关键。而制度方面的约束条件，最主要的源自超地方政府控制的"一个半产业"，也就是迄今改革严重滞后的那一个半产业。因此对于浙江地方经济发展而言，对于浙江奇迹的可持续性而言，要摆脱上述合围，突破口显然在于剩下的那"一个半产业"。具体而言，浙江下一步改革的重心，显然应从制度已经突破的"一个半产业"转入另"一个半"产业，即制度改革尚未突破的那一个半产业。首当其冲的应是服务业最重要的那"半个产业"。目前来看，这半个产业中对区域经济发展起到最大瓶颈的要数两个行业：一个是金融，另一个是主体运输中的轨道交通。

前一个行业即金融改革的唯一出路，非民营化莫属。这就是要将浙江制度转型模式拓展至这个行业，鼓励民营资本创办银行，进入正规金融领域。后一个行业即轨道交通运输业，应取地方政府与中央政府主管部门分权合作形式。具体说，浙江地方政府应拥有规划与发展地方轨道交通的主要权限，同时改革轨道交通建设投资国有垄断体制，放开私人民间资本投资。建议省政府向上面"要权"，至少与铁道部分权规划审批城市与城际轨道交通网络。不仅应顺应中央决策加快建设高铁，而且更应着手建设公交化的城市轨道交通网络，如以杭州为中心的公交化轨道交通，加快商品零售及社区服务业体制改革。

一产及农业与农村的改革进程，无疑直接关乎浙江城市化与"大产业结构"的升级。就大众收入视野来看，目前浙江农村居民收入差距较之城市当更大。"富人太富，穷人依然不少"反映了这种现实。其中富人消费偏好偏低，穷人消费偏好高。要解决这一不和谐现象，同时刺激内需，作为渐进式改革的第一步，可要求中央放权，在浙江率先试行农村"小产权不动产"改革，按照"城乡统筹"思路，给予其70年使用权，允许抵押及转让。可以预料的是，此举不仅有望将广大农村这一资产"搞活"，而且有利于城市化推进。

上述可能的突围出路中，三个改革举措应齐头并进，分别为：（1）金融业的区域民营化；（2）农村小产权改革；（3）区域轨道交通建设改革。不难推论，农村小产权改革将导致农村资产的货币化，释放出巨大的货币来，加上目前浙江已有货币财富积累，若无民营化趋向的金融改革，将难以容纳。与此同时，轨道建设巨大的投资需求，完全可以吸纳突然形成的货币资产。而随着链接浙江城乡轨道交通的形成尤其是公交化轨道交通的形成，不仅有益于抑制过高的城市房价，而且有益于乡村的就地城市化，这些因素合力，将在创造巨大内需的同时，促成浙江区域产业升级及城市化进程。延续这种进程的最大受益者当是普通民众。

（本节部分原载《第一财经日报》2009 年 12 月 21 日）

第四篇
空间视野看沿海内陆经济

发达的偏向：沿海案例

发达区域的欠发达问题（上）

很高兴也很荣幸到揭阳来参加这样一个研讨会。我本人虽在浙江工作，但研究兴趣不仅仅限于浙江经济或者长三角经济，而是整个中国经济，是全球经济中的中国，研究的一个重要理论视野是空间经济学。实际上我们现在经济发展所面对的许多问题，都是个空间经济问题，是经济活动的空间分布问题。大到一国主要产业的区域分布，小到一个县域经济与产业的空间分布，甚至开发区、产业园区的设立等，都需要有点空间经济视野，才能看懂。实际上国际贸易也是个空间经济问题：在一个地方制造某种产品，再把它运到另外一个地方销售，不是个空间转换问题吗？

这两天实地了解了一下揭阳的社会经济情况，走走看看，就是借助互联网搜集信息。下面我就基于现有信息资料所掌握的情况，对揭阳经济先提一些初步看法。

经济印象：发达省域的欠发达区域

先从现状判断说起，三个印象最深刻。一个可称为"发达地区的欠发达"现象。

珠三角甚至整个广东经济都可谓中国的发达地区，但揭阳经济带有典型的欠发达特征。最突出的欠发达特征是人均国民收入水平低下。目前广东全省人均国民收入早已迈过世界银行所划"上中等收入"（人均6000美元以上）的门槛，"小珠三角"（广—深—珠地区）地域已迈过高收入经济体收入门槛（人均1万美元），但揭阳还在"低收入经济体"水平。2010年人均国内生产总值亦即GDP大约2500美金。不仅属于世行所划"低收入经济体"收入水平，而且在潮、汕、揭三个地区中，排在名末！查了一下官方数据，潮州刚过3000美元，汕头是3400美元。

即便如此，我总怀疑揭阳GDP里头的"水分"不少。这几天老在质疑，因为区域GDP和"两税"（国税与地税）数据似乎对不上。我总纳闷，为什么1000多亿元人民币的区域GDP，所创造的国税加上地税和各种收费，一共只有90亿元略多点？那也就是说，政府拿到手的各种收入这一块，还不到区域产出总量的9％！粗略地算一下便不难发现，广东全省这个数据平均大约为22％，若加上关税（给划在"代收"项目下——代替上面收的），则"两税"收入占GDP的比重高达25％以上，比全国的比重还要高那么一点。周边几个地区，汕头在15％以上，加上别的政府收入应该接近18％，而揭阳这里的数据还不到9％，也就是汕头的一半多点。是不是这里税负特别轻？这是不可能的。因为税制全省一致。所以说，我认为这里头GDP可能是有一些"水分"的。你说民营经济偷税漏税多，这我相信，但问题是我们这里真的偷税漏税就那么严重？比别的地方还严重得多？我不这样认为。浙江民营经济为主，企业偷税漏税也很严重，义乌的可能更严重。去义乌小商品城买东西，先问你要不要发票，要发票是一个价，不要发票是另外一个价。但"两税"占 GDP 比重也没这么低。

考虑到经济数据的"水分"，我们经济实际的发展层次可能还要低些。别的不去说，有个数据很能提供佐证，这便是职工平均工资。网上查了一下，2010年揭阳职工月平均工资排广东全省倒数第一位置，仅为全省平均水平的一半多点。比"珠三角"（小珠三角）差得更远！珠三角面临的主要问题是转型升级，那里有些产业的发展已经过头了，亟需推动转型升级。我们这儿的主要问题还是欠发达问题，和临近的珠三角相比不协调的问题，这是问题的主线，我们得抓住问题的这个主线。

经济印象：产业与资源

第二个印象是产业集聚态势弱，且有些"大树底下不长草"的倾向。

空间经济学有个"关键词"，这便是产业集聚。同一类产业的企业有在一个地区扎堆及"滚雪球"扩张的态势。唯有这样，才能形成区域优势产业。揭阳给我的初步印象是，有产业而没有明显的产业集聚现象，即便有集聚，但集聚态势也很微弱。昨天政府召集的那几个大企业——上市公司——老总来汇报，我问他们的企业有没有拉起一个产业链，是不是周围的企业都跟你们有关联？他们说没有，只有我们一家"独大"。这里的某些市场——玉器市场、药材市场和服装市场，可能有一点点集聚态势，别的尤其是制造业显然没有。产业没有集聚就没有规模经济，也拿不到好的政府政策，也没有正规的地方"游说"集团。产业游说集团没有，好政策就拿不来。浙江温州就是一个产业集聚的典型，什么东西一做全村人都做，全镇人都做，全县人都做，全县人都跟这个产业有关系了，他们对政府的游说能力就很大，影响甚至"倒逼"政府出决策，政策就得给它好处！加上规模经济，它的生产成本就会做的很低，产业竞争力就强。

第三个印象是资源严重约束。先要提的是土地约束。人多地少，这很突出。揭阳属于潮汕平原，农地多，自然受18亿亩"红线"保护的耕地较多，可开发的非农用地一定很有限。你们有海，可能能填一点地出来，但也是非常有限的。现在填海是一个短期行为，把子孙后代的饭都吃了。另一个是人才约束。人力资源方面，揭阳可谓人口大市而人才小市。这么重要的一个地级市，潮汕文化的原发地，我只知道汕头有一个大学，但办得也马马虎虎。我问了一下，揭阳没有一所像样的高校。杭州为什么人才多？因为有好的学校，有浙江大学，很多大学毕业生都在杭州找工作。所以办大学是件有利于吸纳人才的投资。政府虽然花了钱，但是它会把天下英才聚集来，毕业后你这里得到的人才最多。这里说的几种重要资源约束，人才约束最不可思议，潮汕文化底蕴非常深，海外潮汕人都很重视教育，这里人才少，教育不发达，则与之是非常矛盾的！

（本文为在粤东揭阳"头脑风暴"上的发言，据录音整理，略有修改。有关报道见《揭阳日报》：http://www.jyrb.net.cn/content/20111121/detail90698.html）

发达区域的欠发达问题（下）

怎么样破解珠三角东翼此类沿海发达地区内部小区域经济的欠发达难题呢？自然先得有个好的战略思路，但战略思路怎样产生呢？现在专家也好，领导也好，做决策的时候大多拍拍脑袋，看看中央文件，然后看看临时有什么机会，这就是现在有些区域战略提出的"套路"。

对策思路：先须完备知识

我觉得我们做什么事都得有一点儿专业知识，我曾经讲过，我们做任何决策的时候至少得有三方面的知识，而且要对这三方面的每个方面都做到非常的清楚：

第一方面，你得有点理论知识。中国经济发展在计划经济时期最大的失误，就在于不相信经济规律和人的自私自利天性，认为"人有多大胆地就有多大产"。搞了几次"大跃进"，最后搞了一些烂摊子，老百姓受了很大的折腾，经济到了崩溃的边缘。计划经济时代最大的灾难，一个是生态灾难，另一个是人口灾难。而最近30年最大的灾难，是道德灾难。经济发展了，社会道德退化了好多年！这些暂且不谈。这里要说的是，要提出区域经济发展的大思路，你得有点专业知识，得有点理论。理论可以帮助你透过现象看到本质，能看到现象后面的东西，有时候你被假象欺骗了。我们有时候做经济计量分析，就是要找出一些经济现象之间是否真的像看到的那样有联系，有时候表面上看起来有联系的现象，借助计量分析发现并没多少联系，联系是假想。这就是理论的妙用！

第二个是历史知识。中国人的行为跟我们几千年的文明史是有关系的。讲到揭阳马上就让人想到秦始皇，因为那个时代就有揭阳了。你们的《县志》上说，秦始皇平定南越后，于秦始皇三十三年（前214年）设立揭阳戍守区，隶属南海郡。潮汕文化是几千年形成的，不是一下子说改变就改变得了的。我经常讲你要理解鲁迅就要去绍兴看看，鲁迅在绍兴生活了17年，可是他写得最精彩的文字还是基于绍兴的记忆。领导干部到一个地区就要了解这个地区的历史文化，我们中国的历史，尤其政治史影响现实太厉害了。我们都认为离秦始皇远得要命，可是我们的体制还带有深深的"秦始皇主义"的烙印，中央集权制就是秦始皇定下来的。而且思想还受孔子儒家思想的影响。说到孔子的思想，对揭阳的影响一定很大，因为我看到揭阳最重要的历史文化遗产，就包括了著名的孔庙！

第三个就是现状把握能力。我们要对一个地区的现状有非常清楚的认识。要清楚认识现状，你的眼睛得有一定的"穿透力"。

把这三方面的知识聚合起来,在战略上就能够把它搞得尽量好一些,切实可行一些。我们做一个战略,像这么大的项目,这么多的土地和有限的资源投出去了,得获得预期的收益。否则愧对当地的百姓。我们做学者要讲道德底线,做官的更要讲道德底线。最大的道德底线是你得对老百姓和子孙后代负责,你做了一时的决策有一时的"政绩",但若留下遗患是要挨骂的。甚至过了几辈子人家写历史的时候也会骂你的,虽然你听不见了,但是我们得有这样的历史责任感。

揭阳战略:理论视点

一个是理论。我们现在发展产业得有一点产业集聚理论。这个理论是 2008 年诺贝尔经济学奖获得者克鲁格曼提出来的。这个理论的一个基本思路是,世界经济也好,区域经济也好,统统分为核心和外围。核心居于主宰地位,外围处在从属地位。全世界有三大经济核心:美国、欧盟和东亚。上述三个核心经济加起来,占全世界经济总量的 75% 左右。接下去看东亚,也有核心—外围之分,以前的核心是日本,现在要加上中、韩,由中日韩分享。再接下去就中国经济来看,沿海是核心,内陆是外围。因为沿海的经济总量加起来占全国的 60% 以上,而且最重要的技术创新大部分都在沿海地区发生。广东省域经济也有核心—外围之分:珠三角是核心,别的地区是外围。我们揭阳算是珠三角的外围。作为一个外围地区,你跟核心地区拼是没用的。但并不意味着你不能竞争。现在要考虑我们跟珠三角地区的差距究竟在哪里。我查了一下有关数据,2010 年人均 GDP 深圳已经过了 1.3 万美元,广州也在 1.2 万美元以上,那就是迈入一个高收入经济了。我们还是一个典型的低收入经济。按照世界银行分类,跨入富裕经济之前的人均国民收入大体上有三个台阶:第一个是人均 3000 美元以下,这是低收入经济;第二个是人均 3000～6000 美元,这是下中等收入经济;第三个是人均 6000～10000 美元,这是上中等经济。揭阳 2010 年人均 2500 美元的 GDP,还处在最低层次。按世界银行的有关分类，我们还有两个台阶要上。所以对于揭阳而言，紧迫的问题依然是发展的问题。如果说别的地方现在要讲效率和公平中公平优先的话，我们这里应该可能还得讲效率优先。发展的核心是经济发展，经济发展的核心议题是产业发展，发展各种产业是头等要义。你没有产业老百姓就富不起来，这是第一点。

第二，我们的发展靠什么？理论上看，我们是一个制度转型的经济体。过去30年中国经济快速发展主要靠了两只"轮子"：一只是开放。珠三角主要靠的是开放，引进外资，发展外贸，以开放促体制改革。另一只就是制度改革。两个轮子在不同地区的重要性分得很清楚：珠三角主要靠开放。长三角的浙江和江苏主要靠改革，浙江尤其靠了改革。浙江引进的外资不算多，这几年多了一些，但十几年前的时候，浙江一个省引进的外资还不到江苏昆山一个县级市引进的外资多，比珠三角差得更远。温州几乎没有外资，也发展起来了。靠了什么？主要靠了改革。怎么改革？就是民营化。制度是什么？制度是规范人的行为的规则，企业跟个人是玩家，制度是规则，规则代表着一种激励机制。温州就是一种制度创新，一开始我们把温州模式叫"体制外创新"模式。我曾写过，浙江模式有四个"原创"模式：第一块是温州，叫"体制外创新"。就是在计划经济的体制外发展了民营经济。而且这个民营经济发展到一定程度把公有经济也改了，公有资产转移到民营经济那里去了，效率提高了。第二块是义乌，义乌也是体制外创新，但从市场做起。先做体制外市场，市场做大了，控制商品销售渠道之后转过头发展制造。义乌模式的典型案例，可从一家企业的历史看出，这家企业就是浪莎袜业。浪莎是三兄弟搞的，这三兄弟最早是贩卖袜子，在广州西葫芦市场买袜子拿回义乌卖，这样贩了几年之后发现袜子不好贩了，这时候有一个广州的商贩朋友给他们一个主意，说你们还不如买一台织袜机回去自己织。他们就买了三台织袜机，从那三台织袜机到现在变成了亚洲最大的织袜厂，说不定是世界最大的。不光是一家浪莎，在义乌临近地区集聚了一大批制袜的，那里的袜子产量占到全国的 60%，这个集聚就是这么起来的。第三块是宁波模式。它原来是以国有经济为主，后来引进外资改造，我们就不讲了。第四块是萧山，是把本来的公有企业改成了私有企业。鲁冠球和万向的例子就是这样的，翻翻这家企业的历史就能略知一二。我们要考虑我们的制度，这些制度是民间创出的，政府至多稍微给推动了一下，没有限制它就是最好的政策。这个是我们说的理论。

揭阳战略：历史与现实视点

现在看看历史。如果我们要考虑我们这里欠发达，你首先得找找原因，虽然有产业，也有不错的企业，何以没有集聚起来？基本的原因就在于没有促进产业集聚的制度安排。我还研究过很多地方有企业有产业而无集聚现象，比如四川的绵阳，那里有长虹，但长虹之外没有别的什么家电企业。但你到顺德去看看，那里的情形就完全不一样了。顺德我也研究过，从造电风扇最后变成中国最大的家电之都，这个怎么做起来的，我觉得要研究这些。

我们产业发展过程集聚最重要的是什么？是资本。有资本、有项目就能发展，但这些都是谁带来的？是企业家带来的。珠三角的工业化跟城市化路径模式，我把它叫做"投资下乡"，就是城市资本撒到乡村里。最初的城市就是香港，再加上广州，后来再造了一个就是深圳。这三个大城市把资本撒到珠三角，把乡村变成了城市尤其是工业园区，把小城市变成了中等城市。客观地来看，在那一股浪潮中，哪一个地区能拿到资本就拿到了产业，经济就上去了。我相信我们揭阳没有拿到，错过了珠三角的"资本下乡"时代。我们不但没有拿到"下乡资本"，而且人也跑出去了，去了那些有资本有项目的地区。现在看来，这一波已经过去了。

长三角跟珠三角的发展路径不一样，浙江和珠三角更加不同。浙江发生的是"资本进城"。浙江人跑遍全天下做服务业，那些最下贱的活他都干，把赚来的钱拿回家乡创办企业。赚了钱以后拿到县城开发区，再拿到省城开发区，他进城了，这样看来，似乎资本是从乡村土地上生出来的，城市的资本来自乡村，大城市的资本来自小城市。

现在回到揭阳现实，我们要考虑我们的资本到底能从哪儿来？珠三角"投资下乡"的历史已经过去了，现在再重演历史已经不可能了。现在珠三角的大规模城市化中，资本尤其是"产业下乡"时代终结，转而由乡村向城市转移。因为它要升级，一定得到大城市去。那里有研发资源，有大市场可以依托。这叫"物极必反"，先是下乡，现在要进城了，去那些有规模的城市，像顺德要依托佛山这个中心城市，还有广一佛一深一珠一线。面对新的形势，得有一个新的思路，就是怎么样搞到资本与项目的问题。

第二个是我们要了解现状，我们经常讲全球化时代，你看世界的视野要变，得有个全球视野。我听说汪洋书记曾经给广东省的干部推荐过一本书，叫《世界是平的》。现在在哪里看世界呢？"90后"一代多半从卫星上看，因为有了"谷歌地图"，借助谷歌地图看世界发现世界很小。我们以后的人才与一般劳动资源主要是"90后"这一代，他们跟我们看世界不一样，因为他们一生下来开始读书就有"谷歌地图"了，从卫星上看世界，他们看到的世界就很小，且是完整的。在一个全球化的时代，加上前面我讲过的理论——产业集聚，就会看到资本是全世界跑的。不是现在说中国珠三角不要了跑到兰州去了，深圳不要了会跑到汕头或揭阳来的。不是这样，深圳的老板他可能跑到美国去投资。他可能更愿意在美国投资，为什么？他要有所提升，美国有他所需要的一些产业升级的要素。所以你得有这样一个全球化时代意识，得有个"世界是平的"的视点。信息也好，经济资源也好，有时候在以光的速度在跑，尤其是资本，网上转账也以光的速度在跑。

另外一个大的事实就是"后危机"时代。世界经济在 2009 年经历了一场空前的金融危机，现在是后金融危机时代。在中国可以叫"后刺激时代"。我们知道，金融危机来的时候我们出台了4万亿元的刺激计划，后经各级政府层层加码，花出去的钱多达十几万亿元。经济像打了强心针，冒进了一次。不少地区靠了这种刺激，数字飙升了几下。我看了你们的数据，就前几年冒进了一下，2008年一下子就增长了30％以上。那年没有刺激，但那年的调控政策曾导致珠三角一些企业吃紧，相信有些产业与企业转移到揭阳这里来。现在到了"后刺激"时代，似乎没钱了，现在连修铁路都没钱了。算起来中国的钱多得要命，银行存款80万亿人民币，外汇储备3万多亿美元，可是现在修铁路都没有钱了，钱到哪里去了？你到银行去试着贷款，重点项目去贷款它都要按融资方式操作，利息高出正常水平。钱多半要靠出售理财产品筹措。银行储户们的储蓄存款都到哪儿去了？我感到中国可能在形成一个金融黑洞！刺激政策不仅引出了麻烦，而且没钱了，自然到了"后刺激"时代。世界经济的后金融危机时代是一个艰难的时代。金融危机过后我预测未来5～10年世界经济都不会太好，震荡将不断，比如"欧债"危机，美债违约秀等，将不断上演。

中国现在刺激过头引出了好多问题，最严重的是重复建设。后面将是个调整的时段，这个时段不会再有刺激政策出台，得有这个判断。还有政府的执政理念，两个关键词值得注意：一个是和谐社会。中央政府几年前就提出建设和谐社会的理念，发出的信号之一是，在效率与公平之间开始强调公平；另一个叫"科学发展观"。发出的信号是重视环境。你从全世界来看有一个哥本哈根会议，有《京都议定书》，低碳理念是时代大势所趋。所以我们现在发展产业和重化工业得小心，碳排放量将来是地区之间要交易的。现在国家发改委正在研究制定各地区层面的碳排放量考核标准与价格，将来地区间可能要进行碳排量买卖的！所以这些大势我们要认清楚。对于珠三角，我的看法是这样的，珠三角的核心地区现在面临着产业扩散的问题，它是已经过密了，它好多制造业正在失去竞争力。面临着粗放扩张的"三廉价"要素约束。实际上整个中国经济靠"三廉价"要素发展时代已经在过去。前30年我们靠什么发展？靠了廉价劳工、廉价土地和廉价环境这三个廉价要素。现在这个时代要结束了，土地卡得越来越紧了。劳动成本，昨天"巨轮"的老总说现在四五千块工资都招不到人，留不住人。环境约束也很紧迫，因为有《京都议定书》，那个文件我们政府是签字承诺的。哥本哈根会议我们有明确的减排承诺，去年临近年末眼看要食言了，不得不拉闸限电！为什么要拉闸限电？因为我们承诺去年要减排多少多少的，后来眼看年底了要完不成指标了，就把大电厂的闸给拉了。企业给逼得自备发电，实际上排得更多，自己骗自己，这是不得已而为的事！但下次我们能自己骗吗？

（本文为在粤东揭阳"头脑风暴"上的发言，据录音整理，略有修改。有关报道见《揭阳日报》：http://www.jyrb.net.cn/content/20111121/detail90698.html）

发达的发展偏向：一个县域经济所显露的

两次邂逅一个沿海发达的县域经济：一次是前半年应"中浦院"邀请去那里参加一个重要论坛。因为会上要发言，特意搜罗了一下该县的数据，做了点"功课"，得着了些许印象。另一次是听看中共"十八大"报道，留意到该县领导给中央高层汇报，因和该县主要领导有过"一餐之交"的缘由，故而刻意留意了一下有关报道及其汇报。把两次看到和听到的数据汇总，再和此次党代会一个大得民心的提法相对照，得出一个突出印象：发达的偏向！何以见得？且听我从头说起。

第一次去那里，带着发言的任务简略搜集、整理了一下该县的经济数据。理出三个视野。三个视野分别为经济发展水平、产业状况和财富分配倾向。这里不讲原因，单说结果。

按照第一个视野即经济发展水平来看，该县属于典型的"发展中经济之发达地区"。按照世行收入分类，中国总体经济的人均国民收入刚过5000美元，虽已跃过世界银行所划"上中等收入经济体"的门槛，但依然属于发展中经济体，距离发达经济的"门槛"收入（人均国民收入1.25万美元）还差一大截。该县人均GDP超过2.3万美元，即便考虑到庞大的外资经济，人均国民收入当在2万美元左右，已居于发达经济体的中等水平。所以说是发展中经济的发达经济。

第二个即产业现状来看，该县产业带有强烈的对外依附特征。外资主宰及市场对外依存度超高。2011年出口533亿美元，地区出口依存度138％。研发与经营人才主要依赖境外和区外。进一步看下去，该县产业收益多半源自企业家施振荣所说"微笑曲线"的中间那块，两端的收益几乎全部给境外经营者所拿走。说得明白点，本地主要靠制造那块，自主经销和研发两块多为外商控制。这样劳工阶层一般很辛苦，"微笑曲线"中间那块高！

第三个视野即财富分配偏向来看，该县"富外"与"富官"甚于"富民"。我曾在多处讲过，中国沿海最近30年的工业化小区域模式不少于三种，分别为政府主宰型、外资占优型和私营经济占优型。与这三种工业化区域模式联系在一起的，则是三种"增量财富"的分配偏向：第一种偏向于"富官"，即政府得大头，"穷庙富方丈"是对这种偏向的一种民间的"经典"描述；第二种偏向于"富外"，区域增量产出的多半归于外商；第三种偏向"富民"，区域增量产出多半归了当地投资者和民众。拿这个判断看这个县域经济，可以认为其增量产出或曰净收益，多半归外商和政府，仅有很少的部分归百姓。这方面数据最有说服力：2011年全市8001亿元的工业产值中，外资产值7096亿元，占总量的88.7％。同年在2432亿元的区域GDP中，工业增加值1510.6亿元，企业"显性利润"470亿元。按照常住人口（约200万）计算，人均GDP 14.72万元，但全市在岗职工平均工资仅4.8万元，实体产业一线工人工资一年勉强3万块，城镇居民人均可支配收入 35190 元。农民纯收入 2 万多元。城乡居民收入平均数估计也就勉强 3 万块。即便连同外来打工的"常住人口"算上，即按照 200 万人算，分去的国民收入也就 600 亿元。和当年县域财政收入打个平手。2011 年该县财政收入 602 亿元。就是说，人均上缴财政也是 3 万多块。

我向来以为，要以最简化的方式审视一个地区经济，只需从上述三个视野切入，拎出这些关键信息，即可以起到窥一点而知全豹的功效，对一个地区经济发展尤其是下一步的可持续性有个大概的判断。若舍弃简化的方法，而去搞很多很繁的资料数据，反而不易看到实质。

此次观"十八大"听到的该县汇报数据是这样的：过去 10 年期间，地区生产总值增长了 9.5 倍、财政收入增长了 21 倍、居民收入增长了 2.5 倍。城乡居民收入连续八年保持两位数增长，城乡收入比缩小到 1.74：1。[①]

这个汇报的成绩无疑是"超一流"的，但观后总感到有些问题，什么问题？略微琢磨，便不难发现昆山经济发展的两个明显偏向：一个是地区经济增长与大众收入增长之间的巨大反差。10 年间地区经济总量增长了将近 10 倍，居民收入才增长了 2.5 倍。虽然都增长了，但后者增长远远落在后面！大众收入增速赶不上地区经济总量增速，这大概是许多高增长地区的通病。

另一个是在财富分配倾向上，财政收入与居民收入增长的反差。汇报说 10 年间昆山财政收入增长了 21 倍，和居民收入增速比较，意味着当地居民收入增长差不多是财政增长的零头！

有意思的是总书记的评价，显然只肯定了一点：城乡居民收入差距的缩小，由 2004 年的 2^+：1 缩小到 2 以下！

个人认为，这一汇报一评价，反映了时下上下决策层关注重心的差异：地方

① 参见记者报道 http://news.cntv.cn/18da/20121110/103135_1.shtml。

官看重经济总量，国家领导人看重和谐与百姓福利!? 当然这只是个人推断。这里我想借着十八大精神提请地方决策层留意：那种只关心总量和政府收入增长而忽视大众收入同步增长的发展路子是难以持续的。"十八大"报告明确提出：2020 年经济总量和城乡居民收入翻番，显然含有同步增长的深刻寓意！

辽宁工业化富民效应差强人意

辽宁是中国工业化的重要发祥地之一，改革开放以来的工业化是以往工业化的延续；辽宁是中国近代较早受列强压力而对外开放的省域之一，新中国成立之前一度形成半殖民地形态的区域经济开放格局，改革开放以来的对外开放，亦难以摆脱以往对外开放留下的印迹；辽宁经济是新中国计划经济最坚实的堡垒之一，最近 30 年以来的工业化转型，难以摆脱传统计划经济尤其是国有经济的情结。诸如此类的工业化先行历史沉淀，构成了辽宁省域工业化与经济转型的基础。考察改革开放以来的辽宁经济转型，离不开对这些"前转型历史"的审视与梳理，否则难以准确判断最近 30 年以来的演进方向及其获得的成就。

省域工业化：前转型"宏观大历史"视点

以黄仁宇先生所提出并界定的"宏观大历史"视野审视辽宁工业化，两个基础无法绕过：一个是新中国建立之前的工业化基础。大量研究显示，新中国建立之前辽宁已经奠定了较为坚实的工业化基础。这个基础大体上是在旧中国多灾多难的三个历史时期造就的。

第一个是清末洋务运动与被迫开港。1861 年牛庄（营口）被迫开港与 1863 年之后清政府被迫解除"豆禁"、"矿禁"等举措，催生了辽宁工业化萌动，到 20 世纪初清朝灭亡之际，已有一批近代企业，其中农产品加工、采矿、机械制造等业初具规模。

第二个是奉系军阀张作霖统治时期。期间地方军阀一度倾全力于包括辽宁在内的东北地方工业建设，促成了辽宁工业化起步期的第一个高潮。到"9·18事变"前夕，辽宁近代轻重工业体系基本形成。其中重工业以钢铁、煤炭采掘为支柱，轻工业则以粮食及食品加工、纺织业为主，形成了一批工业集聚区，其中奉天（今沈阳）以机械、军火及飞机制造为重，鞍山、本溪以钢铁和化学制造为主，抚顺及阜新则以采掘为主。

第三个是日本殖民统治下的伪满时期，工业化得以扩展。日本侵略者一度将中国东北作为其兼并的领土进行经营，提出并实施了庞大的工业化计划，进行了较大规模的投资建设。到抗战胜利前夕，辽宁成了当时中国工业化程度最高的地区，形成了门类齐全的近现代工业体系。其中煤炭、钢铁、重型机械制造、石油冶炼、化学制造以及有色金属提炼与加工等方面，在远东居于前列。这些产业在战争末期的盟军轰炸以及国共内战中虽然遭到很大的破坏，但恰如马歇尔所描述的"产业地方化"情形那样，一旦遇到合适的环境便有再生的倾向。上述三个历史时期的断续工业化，无疑构成辽宁计划经济工业化的重要基础。

另一个视点是计划经济造就的工业化基础。计划经济时期辽宁的工业化经历了大起大落但总体不断推进的发展。其中"大起"有两次：一次发生在50年代尤其是"一五"期间，得益于国家片面发展重工业的工业化战略，包括辽宁在内的东北地区成为重点建设地区，全国156项"重点工程"中，有57项安排在东北，其中24项安排在辽宁。由此极大地强化了辽宁作为全国重工业基地的地位。到1957年，辽宁工业产值占全国的比重由1952年的13％提高到16.6％；另一次发生在60年代三年（1963－1965）调整时期。期间轻重工业经历了两位数的扩张。"大落"亦有两次：一次系"大跃进"所致；一次为"文革"所致。其中"大跃进"破坏最为剧烈，折腾了五年，全省工业产值一度"虚高"之后又退回到 1957 年之前的水平。1962 年辽宁工业产值占全国的比重下降至 11.3%。"文革"最初三年（1966－1968），全省工业产值下降 36.2%，退回到 1963 年之前的水平，1975 年工业产值占全国比重的 11.5%，几乎与 1962 年比重持平。

但即便如此，改革开放前夕的 1978 年，辽宁工业化达到的程度依然高居全国各省域之首，人均 GDP 相当于全国平均数的 179%，远高于浙江、江苏和广东等其他沿海地区。

省域工业化：转型 30 年审视

改革开放之初的辽宁工业化，是在上述"前转型"时期形成的工业化基础上推进的。对于这个基础，大体上可做如下概括性描述：（1）工业规模位居全国各省前茅。1978 年辽宁工业产值占全国的 10.3%，列全国第二位，相当于西部 11 省区加总产值的 72%。（2）产值结构带有强烈的"二产"超前发展特征。三次产业中，"二产"（实为工业）增加值占 GDP 的 71.1%，"一产"、"三产"分别占 14.4% 和 14.8%，产值结构呈现强烈的"二产＞三产＝一产"特征，产值非农化居于全国各省之首。（3）重化工业规模庞大，居于全国前列。1978 年辽宁工业产值的 68% 强为重工业，比重居于全国第一，霍夫曼系数 0.36。（4）城市化获得一定突破。1978 年城市人口占总人口的 36.6%，高出全国平均比重（17.9%）一倍以上，位居各省之首。

对于改革开放迄今的辽宁工业化，可以借助以下四个指标予以判断：

第一个是产值结构变化。时间序列数据显示，1978 年以来三次产业结构大体经历了三个阶段的变化：1978 年至 1991 年为第一个阶段，期间三产比重持续上升，一、二产比重持续下降；1992 年至 2004 年为第二个阶段，其间三产平稳上升，二产略有下降；2004 年以来可视为第三个阶段。那以来二产比重开始上升。总体来看，转型 30 年以来辽宁产业结构的演进，既与沿海大部分省域不同，也与库兹涅茨（1973）的推论有别。沿海大部分省域产业结构近 30 年以来的演进，多以"二产化"为主基调；库兹涅茨的研究则揭示，"现代经济增长"前期，产业结构演进以"二产化"为主基调，只是进入末期，才显现出"三产化"态势。

第二个是就业结构的变化。统计数据显示，1978 年以来辽宁三产就业比重持续攀升，并在 20 世纪 90 年代先后上了两个台阶；二产就业经历了先上升后下降的演进，一产就业则经历了先持续下降而后缓慢攀升态势。截至 2005 年，三次产业就业结构为 34.1：37.8：28.1。"非农"就业达到 65.9%。

第三个是城市化率。作为一个老工业基地，辽宁城市化率在改革开放之初就比较高，1978 年城镇户籍人口占总人口的 32%，按照"常住人口"计算的城市化率当更高。1982 年城市化率即城镇常住人口占总人口的比重即达 42%，高出全国平均水平（21%）的整整一倍。那以后城市化推进，大体上经历了两个阶段：1990 年之前为一个快速推进阶段，城市化率以平均每年 1.2 个百分点的速度推进，1990 年突破 51%；1990 年之后进入一个平稳而缓慢的推进阶段，90 年代整整十年，城市化率只提高了 3 个百分点；新世纪以来为另一个快速推进阶段，城市化率每年再次以超过 1 个百分点的速度推进，到 2005 年达到 58.7%，位居沿海省域经济首位。

工业化的较快推进促成了经济的快速增长，人均 GDP 增速持续高于全国平均水平。但值得注意的是，改革开放以来辽宁人均 GDP 高出全国平均水平的空间则持续缩小，统计数据分析显示：1978 年到 1992 年，辽宁人均 GDP 由相当于全国平均值的 1.78 倍下降到 1.6 倍，2000 年降至 1.4 倍，2004 年降为 1.28 倍。2005 年以来有所逆转，2006 年升为 1.36，但仍低于 2000 年水平，更无法与较早年份相比。

综观以上反映工业化进程的关键指标，可以认为，目前辽宁工业化已进入完成阶段，但考虑到区域产值结构和就业结构演进的明显滞后，尚不能轻言工业化业已完成。

工业化省域经济开放：一些特征性判断

纵览辽宁30年以来的两大转型，可引出如下具有特征性的一些判断：

第一个判断可由省域工业化进程中的产值结构演进轨迹引出。单就三次产业增加值结构演进来看，"三产化"趋向明显。具体来说，从转型初始直到最近年份，一产、二产增加值占 GDP 比重明显下降，三产比重则持续上升。这个演进轨迹既与沿海绝大多数省域产值结构演进轨迹相悖，也与全国总体演进轨迹偏离。迄今为止这两个层次的产值演进轨迹，均带有明显的"二产化"特征，二产比重由初始的 50% 以下上升到 50% 以上。

第二个可由就业结构演进轨迹引出。时间序列数据分析显示，除了改革开放最初 10 年（1978－1987）辽宁就业结构带有明显的"非农化"趋向而外，那以后"非农化"停滞不前，且时有反复。结果是，1987 年"一产"就占到总就业的比重 34.4%，近 20 年之后的 2005 年依然高达 34.1%。而此前几年甚至高于 1987 年的比重！

第三个可由区域经济"二重开放"引出。区域经济开放路径模式带有区际化与国际化"双重滞后"特征。具体来说，无论省域经济对内开放还是对外开放，都滞后于沿海最发达的几个省域。我们早先的研究揭示，沿海两大三角洲（长三角与珠三角）的区域经济"二重开放"路径截然不同，长三角取先区际化后国际化的路径，珠三角则取先国际化后区际化的路径，但无论何种路径模式，其区域经济开放几乎与改革开放同时掀起。相比较之下，辽宁经济转型以来的区域经济开放起步明显要晚些。

第四个可由区域经济开放微观主体结构变化引出。无论是国际化还是区际化，都存在明显的国企依赖倾向。其中外贸国有比重长期高于多数沿海省域，

"走出去"以国企为主，而省际经济合作方面，也以计划经济时期建立的大型国企作为"领导羊"，江浙式的民营乃至私人家庭企业主宰的区际化较为鲜见。

辽宁工业化："富民效应"逊色于浙粤

综合以上四个特征，至少可做出两个推论：其一，辽宁工业化进程中的"非农"产业就业创造效应，当低于大部分沿海省域，也低于全国平均水平。农业就业比重的持续不变折射出非农产业的就业创造效应低下。其二，辽宁经济转型以来的收入分配效应或曰"富民效应"也当逊色于全国平均水平。其中农业就业比重的持续不变和该产业产值比重的持续下降，意味着农业劳动生产率的持续下降以及农村居民在省域财富分配中比重的下降。国有大企业主宰的"二重开放"，也意味着自区域经济开放得到的利益，较大份额归入了"国有"囊中。这一点与浙江或广东明显不同。我们早先的研究揭示，浙江的二重开放由民间力量主宰，由此产生了较好的"富民效应"。这也是"浙江模式"之"藏富于民"特征产生的缘由之一。相对于浙江等沿海经济，辽宁在这方面显然要逊色得多！

（本文系作者学术论文《工业化与省域经济'二重'开放：辽宁路径》的通俗版，完整的文章原载《社会科学战线》2008 年 10 期）

开发的功过：聚焦西部

西部发展：制度供给比拨款更管用

很高兴也很荣幸参加这样一个研讨会，尤其是在大地震一周年前两日，搞这样一个研讨会，我觉得非常有纪念意义，同时能为西部经济振兴出一点绵薄之力，我也很乐意。今天的话题是列出来了的，就是机会的问题，说具体点，就是面对世界经济严重衰退，中国经济调整，西部经济机会何在？目前世界经济很不好，大家都看到了。但我有个固执的辩证看法，这便是凡事有利必有弊。具体说，对邻居有利的事，未必对我有利；对邻居有害的事儿，未必对我有害；对邻居和我都有害的事儿，未必全是灾难！

自世界经济衰退以来，我一直讲的一个话题，是世界经济衰退孕育着中国经济发展的难得机会，这个话题已经讲了好几个月了，今天从简。今天集中讲讲西部的机会，当然主要是潜在机会。

客观地来说，此次世界经济衰退对沿海经济的影响要远大于西部，对于西部的影响相对小些，主要是全国经济尤其是沿海经济变局派生的。因此要找西部的发展机会，必须分析中国经济本身。前段时间《人民网》转了我的一篇文章，讲的是目前中国社会经济发展大势。我以为所有大势中，三个发展大势可能跟西部经济的机会关系较大：

第一个是大众消费时代的降临。所谓大众消费时代，是美国经济史学家罗斯托教授提出来的，他将一国社会经济增长分为五个阶段，大众高消费时代是第五个阶段。这个时段有几个标志：其一是高档耐用消费品的普及化，其二是工作日的缩短以及闲暇消费的崛起，其三是高等教育的普及化和"新白领"阶层的形成，如此等等。总之是个消费大增长时期。罗斯托教授认为美国是第一个跨入大众高消费时代门槛的现代国家，时为 1900－1910 年期间，最具标志性的耐用消费品是小轿车。客观地来看，目前中国这些消费都开始了，高档耐用消费品、闲暇消费以及高等教育的普及等，正在接踵而至。这意味着我们正在跨入大众高消费时代的门槛，至少沿海及大城市如此。

第二个是政府执政理念的变化。改革开放前期的执政理念有两个关键词，一个是"让一部分人先富起来"，这是小平同志提出来的，形象地将经济学家讲的效率与公平之效率提在前面，这是非常及时的。没有这种提前，就没有以往 30 年经济快速发展。另一个是"发展是硬道理"。即一切服从于发展目标。目前中央政府的执政理念也有两个关键词，一个是"和谐社会"。什么都要讲究人的和谐，包括人的发展、教育的发展；另一个是"科学发展观"。科学发展是什么？就是强调节能与环保，不能再靠破坏环境、破坏资源那种发展方式。

第三个大势我觉得是扩大内需政策的长期化。就是怎么样把 13 亿人的消费调动起来，这是个长期过程。从理论上来讲，中国有世界最大的潜在市场，因为我们有 13 亿多人口，是日本的 10 倍。如果中国的人均消费能达到日本的一半，那就是五个日本的市场容量！大的难以想象！所以这应该是一个长期目标。

上述大势对西部经济发展意味着什么？无疑意味着潜在的机会。不讲别的，单是扩大内需这一项，就孕育着西部经济的某些机会。我以为目前正在展开的扩大内需政策，大体上可归纳为"三根支柱"：

第一根是基础设施建设。主要是高速铁路、高等级公路的建设。这些方面的巨额投资，将有利于改善区域间交通运输条件，促成省际贸易运输成本的降低。运输成本降低之后会导致产业聚集，产业效率更高。那跟东部好多产业相比，西部已有优势的产业可以聚集起来变得更大，甚至变成世界某个产品的制造中心，这都有可能。成都如果跟上海、跟西南地区的广西、北海等区域有了更便捷的交通，有些产业会转到西部来做的。为什么呢？运输成本低了。现在互联网使通讯成本几乎降到零了。

第二根是民生工程。民生工程显然有几个关键举措：一个是社保体制。建立覆盖全民的社保体制；一个是医保体制，建立覆盖全民的医保体系；第三是教育公平化。所有这些，对西部都有利好。我们知道，因为西部贫穷人口多，更需要社保，因为最需要社保的不是老板，而是穷人。最需要公平化的不是老板，而是穷人。至于全民免费基础教育，对贫困地区犹如雪中送炭，所以我觉得这些是有利于西部的。

第三根支柱是产业振兴计划。国家不是提了十大产业振兴计划吗？关于这个计划本身效率如何我不想评判，我这里想说的是，我相信在产业振兴过程中，东部有些产业会转到西部来，东西互动格局会强化，因此西部也有机会。

现在的问题在于，西部怎么样去做，才能把潜在的机会变成现实。目前流行的一句话是，"信心比黄金更重要"！在我看来，除了这句话之外，还应该再加上一句："制度与政策比拨款更关键。"我以为振兴西部经济，光给钱不行。光给钱不给政策和制度保障，最后给的钱大多辗转流到东部去了，给的钱很少能惠及一般大众，往往变成了豪华楼堂馆所，进而变成当地老百姓的负担，光维持这些楼堂馆所运转的支出就不得了！

东部有人经常跟我讲，西部资源丰裕还喊穷，简直是端着金饭碗讨饭！我说，西部确有金饭碗，但那个金饭碗不是西部老百姓的，而是"国家"的，说具体点是一些国有垄断行业的。比如石油一探出来就成了中石油的了，矿产一挖出来就通过一个系统调拨走了。至于黄金，一经探出一般人更不能碰了。因此我要特别呼吁，振兴西部经济，主要靠当地老百姓而非外援。而当地老百姓要靠政策。

那么什么样的政策有利于西部发展呢？我以为现在有些政策对西部发展有害无益，比如说"房产新政"、"家电下乡"什么的。我将这类政策称作"消费挖潜型"政策。这种政策有个暗含的假定条件，就是假定老百姓口袋里有钱，只是不愿意花罢了。以家电下乡为例，财政补贴加上商家所说的"让利"，不过给农民20％多点的好处，但农民要买到此类老旧款式的家电，还得自己再掏70％～80％的钱。问题是，西部那些等着老旧款式便宜家电的农民真的有钱吗？这一点大可怀疑！我推算了一下，全国存款有20万亿元，可是存款是"二八开"的或曰"二八现象"：20％的人拥有80％的存款。想想那80％的大众存款有多少，也就4万亿元！4万亿摊到西部大众那里有多少？也就1万多亿。还有一笔账，全国的农民收入也就是统计局公布的"农村农民人均纯收入"，我算了一下，只有8个省市明显超过全国平均水平。一大半的省市低于全国平均水平。这是个什么概念？就是说，一般最高省份的农民人均纯收入，相当于浙江省农民人均纯收入的一半！这样一算，我倒要问，那些等着消费老旧款式家电的农户真有钱嘛？所以我感觉到，有些政策可能导致的结果是农民负债，或者把生产性的资金用在消费上，转移了，不利于农村长期发展。我以为，扩大内需的可持续政策是增加大众收入。这方面大家想到的无非是减税这一招。但我以为最管用的招数我们没有用。整个西部尤其是西部农民，好像大家一提起来就是一个穷字？可事实上他有资产，只是资产产权未落实，不能变现而已，就是说祖宗留下的资产不能当钱用。解决这个悖论要靠体制改革。

可否设想，像成都都江堰以及整个地震灾区的农村，可不可以在全国率先搞个试点，把农民"小产权房"跟城市房地产合并，给农民实实在在的住宅产权？我以为此举至少可达到两个结果：一个是农民一夜之间有钱了。成都市现在平均房价已达 5000～6000 元，都江堰农村的小产权房价大概不到 1000 元，就几百元吧，因为它没有产权！拉平以后起码上涨 2000 元！因为现在是汽车时代，可以开车去。那是不是农民立马就富了？这样也有先例的，福建搞的林权改革，使深山老林里的农民一夜之间从一贫如洗变成腰缠万贯！这样我相信农民就不是有钱，他想进城。我在浙江做了一个测算，如果进行小产权改革，将使浙江农户平均每户家庭增加 10 万元以上！我相信浙江 70％～80％的人有商业头脑，他就会抵押出去，贷款办企业，这样经济增长更快，政府也不用去操心中小企业融资难了！把死的资产变成活的，这是我的一个想法。

还有，在基础设施建设加产业振兴方面，是不是一定要坚持"国企"主宰才行呢？我认为国企主宰将导致效率置换，用垄断的低效率置换竞争的高效率！比如说铁路建设方面，日本最初是国家专营，后来进行了改革，搞了很多私营铁路，搞了地方政府参股的铁路。所以进入 90 年代以来，尽管日本经济不景气，但日本铁路运转的效率却很高，而且很便捷。便捷的铁路拉近了大城市与边远地区的距离，促成了日本边远地区乃至许多乡村地区的繁荣。我们在铁路公路建设方面，为什么一定要搞国有独大，不让民资去做呢？实际上民资去投资，不仅有利于提高效率，更重要的一点是更切近需求。因为就一般情形来看，国有投资往往好高骛远，乐于搞大的创造历史式工程，动辄"高铁"、"磁悬浮"，一旦开通价格票价奇贵，与一般老百姓关系甚少。实际上一般老百姓需要的，大多是日常上下班及短距离通勤轨道，需要轻型而公交化的铁路，需要廉价铁路！

总之还是一句话，面对世界经济衰退及中国经济自身调整，西部要抓住机会，不仅需要中央政府的转移支付和别的地区的资金支持，更重要的，是应该给西部更灵活的政策，更灵活的制度，也就是市场化的体制安排。我相信，制度改革将可从根本上解决西部欠发达的问题。对此，道格拉斯·诺斯教授的睿智仍然有巨大的启示意义，他写道：经济增长的原动力不是技术创新，技术创新是增长本身。经济增长的动力是制度变革。有效率的制度能促成经济持续增长。这是西方社会兴起的秘诀，也是中国经济以往三十年快速发展的重要经验。

我们是转型经济，经济制度转型远远没有完成，切不要因为美国发生了经济危机就怀疑市场经济的优越性，实际上中国距真正的市场经济还差得很远，当务之急是推进制度改革，通过增加有效制度供给促进经济复苏，创造可持续发展的基础动力。

（本文为 2009 年 5 月 10 日于成都"新浪金麒麟（成都）沙龙"上的发言，原载《新浪财经·视频》，此处有删节）

西部大开发：十年功过评

问：2000 年中央推出"西部大开发战略"，前不久又在京召开了高层次高规格的工作会议，宣布继续并加快这个战略的实施，作为区域经济研究方面的专家，您是如何理解"西部大开发"战略的？

答：中央最初提出的"西部大开发"战略，实际上是关于经济发展空间问题的两个战略中的一个。两个战略分别为"西部大开发战略"和"'走出去'战略"。客观地说，前一个战略盯着内部空间经济发展不平衡问题，主旨在于解决西部地区欠发达因而导致国内大区域经济间差距拉大的问题；后一个战略则盯着外部空间问题，主旨在于拓展沿海地区乃至整个中国经济发展的国际空间。后一个战略主要涉及沿海"有条件"的地区，而前一个战略则涵盖了所有西部省域经济。我认为这两个战略同样重要，互为依托，应统筹考虑。虽然沿海地区实施"走出去"战略的重头在企业国际化，但对沿海地区众多的企业而言，"走出去"的空间拓展实际上有两个选择：一个是走向国外，另一个是走向国内中西部地区。这里的一个重要背景是，经过20多年的快速工业化推进，到了21世纪初，沿海地区工业化已接近尾声，企业在市场与资源方面的对外依存度越来越高，区域内拓展的空间也相对变小了，企业"走出去"已经在自发地进行，在这种背景下，中央适时提出"走出去"战略。同样地，"西部大开发战略"是在区域经济差距迅速扩大的背景下提出的。两个战略有关联。

如何理解西部大开发的战略定位呢？最初有人将其与美国的"西进运动"相提并论，这是大错特错。美国19世纪所开发的西部是个原始而荒蛮的区域，中国的西部地区大为不同，它不仅是中华文明的发源地之一，而且还是计划经济的重要发展区域之一，改革开放前30年就已经建立了众多现代大工业，发展了现代化的都市。改革开放最初20多年社会经济也获得了巨大的发展，至少也属于半工业化社会。因此，西部大开发战略是对原有发展路径与方式的矫正性升华，而非推倒重来。说得明确点，就是矫正以往轻环境、轻外援与轻民生等偏向，集西部区域内外之力，求得快速发展。

问：西部大开发十年来取得了很大成绩，您认为该如何评价西部大开发的成就？以往十年西部大开发战略实施中也存在诸多问题，您认为哪些问题最值得关注？

答：我认为评价西部大开发这十年来的成就，可从三个视角切入：第一，是否按照中央提出的"国家战略"要求，保护了环境，改善了生态；第二，西部的文化是否得到了很好的保护并发扬光大了;第三,人民生活是否改善了。我认为,评价西部大开发战略的成败,生态环境与文化保护是第一位的。如果我们的开发是以破坏生态环境为代价的,恶化了生态环境,那么这一战略就是失败的,是得不偿失的。但令人欣慰的是,自西部大开发实施十年来,西部地区经济社会发展的同时,文化得到了一定的保护,生态也已经有了明显的逆转。生态环境的逆转至少体现在两个层面:一个是现实的。就西北地区来看,这方面最重要标志是,"三江源"等地区的生态保护取得了明显的成效。另一个是观念的。以破坏生态与环境为代价的发展观念开始逆转,地方政府和大众的环境与生态文明理念开始增强。这方面最典型的例子是民勤绿洲受荒漠化威胁一经媒体报道便受到各方前所未有的关注!这些都可视为成就。但必须认识到,生态环境方面真正的逆转,可能还需要很长一段时间。就这些标准综合评判,西部大开发战略迄今是成功的,值得予以充分肯定。

但必须看到,自实施西部大开发战略以来,始终存在一个两难选择的问题,这便是保护与发展之间的两难选择问题。这个两难迄今显然未能得到很好的解决。历史上,几乎所有先行国家的工业化进程中,都存在库兹涅茨"倒 U 型"现象,即先破坏后治理。然而就我国西部地区而言,却再也不能这样做了。西部尤其是西北地区的生态环境原本就很脆弱,西部的文化也很脆弱。经过长期的人为破坏,留下的东西已经不多了,如果说"倒 U 型"的话,早些年西部地区可能已经触到了 U 型的底了,再也经不起任何破坏了。然而令人遗憾的是,目前不少地方的生态环境还在恶化,其中不少是以"西部大开发"的名义人为破坏的。就这个方面而言,西部大开发的成就,经济方面大于生态与环保方面。

就地方政府的行为来看,西部大开发战略实施中最明显的一个缺陷,或许是未能把老百姓致富的积极性和上述三个战略目标有机地结合起来。生态保护、文化保护、人民富裕,三者缺一不可。其中在富民方面,沿海有一些好的区域经验似可借鉴。其中浙江最值得关注。浙江原本并未占有开放先机，资源也很贫乏，但却创出了一条富民的路子。沿海有三种较典型的区域发展模式，一种是先富外（商）后富民；第二种是先富官后富民，第三种是富民优先。第三种模式就是浙江模式，经济界称作"藏富于民"的发展模式。浙江在财富分配上有个特点，就是自大城市而中小城市再到乡村，越往基层民众越富裕。这与西部地区尤其是咱们甘肃的情况完全相反，西部的财富主要集中于大、小城市，农村百姓很贫穷。因此，从这个角度再次评价西部大开发：生态保护工作做了一些，文化保护工作也做了一些，人民生活水平改善了一些。但做得远远不够。在三个目标中，前两个做得稍好一点，后一个可能还差强人意。今后的西部大开发就需要好好研究这些问题。

（本文为作者接受《西部论丛》的专访第一部分，原载《西部论丛》2010 年 08 期，标题为"西部大开发的思辨与前瞻"，采访记者为阎焱、陈昊、罗盼盼。此处略有改动）

西部大开发：下个十年的前瞻

问：诸多的成绩与问题存在于过去十年，西部地区在此基础上马上就要开启新的十年，您认为今后十年，西部大开发的重点应该是什么，机遇又有哪些？

答：下一步西部大开发必须直面一些新的约束条件，同时有一些新的机遇。最重要的约束条件之一，是中央政府执政理念的变化。改革开放前 20 多年中央政府的执政理念，强调效率甚于公平，"让一部分人先富起来"和"发展是硬道理"则是这种理念的最形象表述。近年来中央执政理念已发生了明显变化，形成了一种新的理念。新理念可以用"和谐社会"和"科学发展观"两个"关键词"

予以概括。"和谐"在区域发展方面就等于追求区域协调发展,"科学发展观"的深层寓意,就是结束以往依靠"三廉价"要素的发展偏向。所谓"三廉价要素",分别为廉价劳工、廉价土地和"廉价环境"。客观地来看,以往30年许多地区,尤其是沿海地区经济的快速发展,主要靠了这"三廉价要素"。"科学发展观"理念的提出无疑将抽紧此类物质要素约束,其中在环境方面约束越来越硬,不仅提出保护环境,而且还得加上"低碳"理念。这对西部地区下一步的发展无疑是个硬约束,是必须直面的约束。

当然这些约束条件中也孕育着巨大的机遇。最重要的机遇是,随着"三廉价要素"时代的过去,土地及劳动力等资源在东部将变得比西部稀缺得多,由此将促使东部地区产业及企业向西部迁移和拓展。近一两年沿海发达地区的"加薪潮"和"用工荒",实际上已经在促使一些企业内迁。这无疑蕴含着西部地区下一步发展的巨大机会。这可视为第一个机遇。

另一个是国家大规模的基础设施建设,尤其是在交通和通讯方面的基础设施建设,正在"拉近"东西部地区的空间距离。按照新经济地理学的"行话"来说,这有利于降低"贸易成本",而贸易成本的降低,则有利于西部已有产业区的集聚,形成并强化区域经济"内核"或"增长极"。可以预料的是,随着横贯东西部地区的几条高速铁路和公路的修通,像兰州、西安这样的原有区域经济"内核",下一步发展的优势将大为强化。

第三个是中国社会经济发展跨入了一个新的阶段,这便是大众消费时代。这个阶段最重要的标志是,以前仅供少数富人享用的耐用消费品,开始大量进入寻常百姓家中,对区域经济发展影响巨大的,可能要数私家轿车的普及化。由于私家轿车时代的降临,"自驾游"正在兴起,相伴随的闲暇旅游消费也迅速兴起。闲暇旅游消费的兴起又孕育着西部地区下一步发展的巨大机会。在旅游资源方面，西部资源最为巨大。大漠风光、高原草地、民族文化等都是 21 世纪旅游业的最佳资源。单是旅游这一项，就可以给西部一些偏远封闭的乡村孕育发展机遇，只要把环境保护好，把原生态文化保护好，就能招来游客和度假者，就能致富！在这方面云南丽江、甘肃敦煌都是最好的例证！

问：您刚才也谈到了东西部的发展协调问题，实际上，在西部大开发过程中，我们一直强调东部带西部，旨在通过东部的援助带动西部经济的发展。您认为这十年来，东部对西部到底发挥了什么样的带动作用？东西部现在的差距又体现在哪些地方？

答：东部对西部地区经济发展的带动作用，体现在多个方面，带动主要通过彼此依托的产业链、要素市场等机制在发挥。其中两个机制最为重要：一个是产业链机制，借助彼此依托的产业链发挥作用。西部重化工业、基础产业与东部加工工业是互为依托的，东部经济的快速发展尤其是加工工业的快速发展，带动了西部地区基础产业的快速发展。

另一个是劳动市场机制，借助区域分享的劳动力与人力资本市场发挥作用。东部地区劳动密集型加工工业和服务业的快速发展离不开西部劳动力的供给，东西部区域间数以亿计的流动劳工，既为西部地区赚回了收入，同时也赚回了技术与商业知识，开阔了视野。换言之，东部地区企业为西部地区培训了大量技术工人和具有商业眼光的经营者，这就是经济学家们所说的"人力资本"。实际上，东部地区对西部地区最大的带动作用，就是人力资本的培训。

当然，必须看到，改革开放 30 年间，随着国内市场一体化的推进，在东西部产业竞争与产业空间重构中，西部损失也不小。这方面最突出的表现可能要属产业集聚区的重构了。面对东部地区民营企业的竞争，西部地区原有的一些产业集聚区要么衰落，要么变小。比如甘肃，计划经济时期兰州一度是国内最重要的石化基地、机械制造中心和毛纺织中心，现在除了国有的石化业还在发展外，毛纺织业显然已经消亡。这当是西部与东部产业竞争与重构中的最大损失！

要谈东西部差距，最明显的差距，表现在几个数据上，包括人均国民收入差距、城市居民可支配收入差距以及农村居民"纯收入"差距等。导致这种差距的原因很多，但最重要的原因莫过于体制上的落差。客观地说，东部地区的市场化改革远远领先于西部。体制落差可归因于观念和政府行为的差异。这方面最突出的表现是，一些在东部行得通的做法，往往在西部行不通。比如在浙江，一些重要的政府决策，往往都会先行召集专家和企业界精英座谈商讨。比如"走出去"战略，中央最初确定的精神是"以国有大中型企业为主"，通知下达浙江后，省委省政府先召开专家座谈会，听取专家建议。我也参与其事，并提出这样一种看法：浙江国企很少，民营企业众多，若死守"以国有大中型企业为主"的高层精神，实施"走出去"战略有难度。浙江实施"走出去"战略应以"改制企业"、"规模以上企业"为主。政府最终采纳了这个建议。在西部不少地区，地方政府思想大多比较保守，往往死抠中央文件字眼，在实施国家战略方面缺乏灵活性，在因地制宜方面可能差些，久而久之形成制度落差。制度落差导致了资源配置效率的巨大差异，进而导致了收入差距。因此要逆转区域经济差距，最根本的一点还在于因地制宜地推进市场化体制改革。

西部有些地区把发展的希望放在争取东部地区援助或中央财政的"转移支付"上，这是不可靠的，也缺乏可持续性。援助与转移支付只能解决发展初期的资金短缺问题，不能解决发展的可持续性问题。总览全世界，没有任何一个国家和地区是依靠外援发达起来的。联合国开发署在全世界搞了很多援助，没有几个是成功的。西部地区的发展要靠自己，必须在体制改革上有所突破。基于我对浙江的多年观察与思考，改革最重要的一条，就是要有富民意识，要形成一种富民的制度保障，保障发展的成果能够最大限度地为当地老百姓分享。

问：为实现西部地区在新十年里更大的发展，国家在不久前召开的西部大开发工作会议上提出了一些新的政策举措。您是怎么评价这些政策措施的？

答：在西部大开发会议上，国家虽然提出了很多新的政策，但在我看来，这些政策措施的重要依托，主要还是中央转移支付和国企投资。站在中央决策的角度看，这些政策措施无可厚非，很有必要。近些年来，中央的财政收入增长很快，中央政府完全有雄厚的财力通过财政转移支付支持西部地区大发展，西部地区也应抓住机遇，努力实现又好又快发展。但从西部地区长远发展的角度看，尤其是从富民惠民的角度看，重要的是如何将中央好的政策及财政转移支付转化为老百姓收入增加与生活水平的显著提升。好的规划很重要，通过一个好的规划，争取转移支付，努力增加大众的收入，这是一条可行的，也是必然的途径。实际上，近些年来，中央政府的经济刺激政策花了很多钱，其中很多都是向西部地区倾斜的，怎样把这些钱花在发展战略规划中，怎样借此增加人们的收入是当前必须要考虑的。

问：国际金融危机的阴霾还未散去，经济复苏的前景还不甚明朗，那么，在"后危机"时代，西部地区如何顺应国内外新的环境，保持经济平稳较快发展呢？

答：金融危机对西部地区来说冲击不大，金融危机的冲击更多地影响到了东部沿海地区。因为沿海经济对外依存度高，对国外市场依赖很强，国外市场在金融危机的影响下骤然萎缩，一度带来很大的振荡，促成了沿海企业在市场方面的一个大调整，调整的大势之一便是开拓国内市场。"后危机"时代这一大势也将持续下去。原因有两方面：一方面与"后危机"时代世界经济走势有关。"后危机"时代世界经济将麻烦不断，多半呈现走走停停的状态。沿海地区企业乃至一些产业将越来越重视内陆市场尤其是中西部地区市场。另一个方面与中国潜在的国内市场的迅速"变现"有关。中国拥有世界上最大的潜在市场，13亿多消费者且还在增加的这个事实就是证明。美国仅有3亿多人口，日本接近1.3亿人口，中国的潜在市场是美国的4倍，日本的10倍！前面已论及，随着中国社会经济跨入大众消费时代，这个潜在市场在迅速变为现实的市场。全世界有远见的企业家都看到了！中国东部的企业家们何尝看不到？事实上，这个潜在市场的一大半就在中西部地区，东部地区的企业开拓国内市场，首先就需开拓中西部市场。如果说金融危机主要影响了东部地区经济的话，那么对于西部地区而言，无疑是巨大的机会。实际上从2009年年初到现在，我在各地讲演的一个主题，就是"世界经济衰退：中国经济难得的机会"。不是吗？世界经济衰退，石油便宜了，钢铁便宜了，恰恰为中国大规模基础设施建设创造了有利条件。而大规模基础设施建设的重头位于中西部地区。

问题在于，西部地区能不能抓住这次机遇，这个机遇又该怎么抓？不能把东部淘汰的产业转移到西部，尤其不能等着接收东部地区淘汰的高污染高能耗的制造业。西部地区所应做的，是迎头赶上，直接发展更高层次的产业，尤其是第三产业。中国工业化已经结束了"二产化"和"非农化"时代，正在跨入"三产化"时代。在发展"三产"以及现代化的"一产"方面，西北地区占有天然的优势。具体来说，在三产方面，西北地区最大的"卖点"是旅游业。西部地区有独特而丰富的旅游资源，下一步发展旅游业大有可为。但是，发展第三产业，服务观念必须跟上，这是因为第三产业很讲究口碑，如果一个人认为好，他就会带来很多人；如果一个人认为差，很多人就不会去。至于第一产业，人们现在大多讲究生活质量，吃的食物要求是无污染、无公害的绿色食品。西部处在江河的上游，大多数真正的无污染、无公害食品就产自西部地区。因此，西部地区可以大力发展第一产业中的特色农业。这不仅对西部地区的老百姓来说是一件好事，对整个母亲河地区来说都是一件好事。山东农民养的黑土猪在青岛一公斤可以卖100元，西部的高原牦牛肉同样也可以这样做，可以把高原牦牛肉做成一个品牌，到东部地区销售。经济学上讲，第一产业收益递减，第二产业收益递增，第三产业收益递增更明显，而第三产业和第一产业的对接将产生无限的空间。

问：就新一轮西部大开发而言，机遇与挑战并存，那您认为面对这种局面，地方政府当前最需要些什么？

答：对于西部地区政府而言，当前最需要做的，当是创造"借两股东风"的基础条件：

一个借助中央西部大开发下一步战略这股"东风"的基础。当务之急是改变观念与理念，切切实实按照中央建设"和谐社会"与"科学发展观"的理念，确立富民、惠民的发展观，提出好的区域发展战略思路，将区域战略与中央西部大开发下一步推出的系列政策对接，借助西部大开发这个"东风"，求得快速发展。

另一个是利用"后危机"时代国内外产业发展新机遇这股东风的基础，借助"后危机"时代沿海产业与企业空间拓展这股"东风"，求得快速发展。其中在产业发展上，建议多派干部去沿海发达地区学习考察，汲取好的经验，形成好的发展思路。按照区域资源禀赋特征选择产业，要么将区域产业与东部产业对接，要么将区域产业与东部需求对接。

两股"东风"都属于未来发展大势，我认为西部哪个地区的政府早一点做好了基础工作，将区域经济下一步发展尤其是大众致富战略思路与这两股"东风"

实现"对接"，那个地区就掌握了发展的先机！

（本文为作者接受《西部论丛》的专访第二部分，原载
《西部论丛》2010 年 8 期，标题为"西部大开发的思辨与前
瞻"，采访记者为阎焱、陈昊、罗盼盼。此处略有改动）

新一轮开发：沿海一个填，内陆一个挖

暑期借着讲学、访学与度假兼顾的"自由行"，先去了西部几个地方，而后
又辗转沿海苏北与鲁南几处，由此对于这些区域的经济状态及下一步发展趋向，
得了些许感性认识。就城市面貌与大众生活环境而言，无论内陆还是沿海，所看
到的景象几乎大同小异，大体上可用一句话和两个词概括之。一句话是"几个千
篇一律的现象"；两个词分别为"填"和"挖"。前者是对大小城市的一种走马观
花式印象；后者则是对各地开发"着力点"的一种概括。

先看几个千篇一律的现象。多个千篇一律中，三个最引人瞩目，也最让人对
城市化与大众福祉间的联系性担忧。

第一个是千篇一律的拔地高楼。说到建高楼，大中城市自不待说，沿海人多
地少的小城镇建高层住宅区也不难理解，但时下就连一些地理上偏得不能再偏远
的西部，在地广人稀的一些县市，也在竖起成片的高楼。其中除了"国字号"单
位与企业盖的大楼而外，最令人瞩目的一种现象是，商品住宅也成了十几层的大
楼。印象最深的，是从甘肃兰州到甘南途中所看到的一座小城的"景观"：在城
外一条小河"人工堤岸"旁的平地上，一大片城市单元楼房正在崛起，与不远处
的荒山秃岭和坡地农田恰成对照。仔细看来，平地多半带有"与河争地"及"新
愚公移山"的影子。

第二个是千篇一律的高房价。沿海"一线、二线城市"高房价自不待说，若

以房价/收入比衡量，就连沿海"三线城市"和西部偏远小镇的房价也高得令人咋舌。甘肃临夏城外的一处新建的"小高层"商品房小区，每平方米售价已过了4000元，这比我9年前在"天堂"杭州买房的价格还要高！但那里的人均国民收入也仅4000多元，不及10年前杭州水平的1/5。10年前杭州人均GDP已经超过2.2万元！而鲁南与苏北沿海一些"三线城市"，"海景房"每平方米已过6000元，好地段甚至上万。查一下这些地区的人均国民收入和人均可支配收入，普遍比杭州西溪湿地周边几年前达到这个房价时的水平要低很多。若从这个视野判断，则可以认为，这些城市的房价/收入之比，并不比"一线城市"有多少优势。然而值得注意的是，新一轮调控房价的政策，显然并未涵盖此类城市！因为各方似乎都有个"共识"：二、三线城市房价不贵！

第三个是千篇一律的汽车流与交通拥挤。不仅大城市，而且中小城市，也有了交通的"高峰"与"低谷"之分。所不同的只是拥堵的程度不一。虽然小城市的拥堵程度比大城市要轻得多，但内陆一些省会城市的交通拥堵情形，有时并不比沿海大都市轻多少。这方面印象最深的是兰州市，上下班高峰时的几条东西干道的堵车程度，一点儿也不比杭州或上海轻。一位朋友来兰州饭店看我，3～5里地乘车走了半个多小时！而前几年去云南昆明，看到的堵车严重程度，早已超过兰州此情此景。

基于实地调研和理智的分析，上述三个"千篇一律"多半可归因于两个紧缺或约束：一个是土地紧缺。当然主要是非农建设用地紧缺。耕地"红线"不能碰。另一个是公共交通滞后。无论大中小城市，显然都舍弃了当代最为经济环保的大众交通工具，亦即轨道交通，而单纯依赖公路交通。究其原因，地方政府没有发展轨道交通的权限，只好成天"折腾"马路，无休无止地"修路"，也给拥堵的交通雪上加霜。

再看两个词代表的开发"着力点"。

一个"填"字代表了沿海许多地区新一轮开发的重要着力点。填什么？自然是填海了。没地哪来资源和资金搞开发、弄产业转型升级？因为原有的土地要么已卖给房地产大亨，要么给原有产业在铺摊子。面对"18亿亩土地红线"，最便捷的法子是填海！于是乎，一个个海湾给取直填平。华南有座著名城市的著名大学园区，原本是沿海湾建的，几年前去那里出校门过马路就是海滩，这次去发现海已经给填出去一里多地。马路对过全然成了建筑工地！类似地，一个"挖"字也代表了内陆许多地区新一轮开发的落地着力点。挖什么？自然是挖山了。这在西部最普遍，西北挖黄土高坡，西南喀斯特地貌区域也不甘落后，也在起劲儿地挖山，甚至有地区提出"与山争地"。听着这种口号，怎么越看越像20世纪江河湖泊多的地区喊的那种雷人的口号：与水争地！

当然无论是填海还是挖山，地方政府都有很好的"由头"，多半都给纳入了"转型升级"与"保护基本农田""兼顾"的大旗之下，外加"山海经济"或"开发开放"等"区域战略"。然而问题在于，这样无休止地"填"与"挖"，对于已经很脆弱的生态环境所施加的破坏性影响，显然还未引起决策者们足够的重视。

当然话又说回来，那些给"区域竞争力指数"之类指标蒙的有些晕头转向的区域决策者们，除了急于实现经济数字的突破而外，显然尚无暇考虑这么远！

（本文原载《大经贸》杂志2010年第8期，此处有修改）

发展经济的决策究竟由谁作出为好？

——瑞士与贵州的比较思考

瑞士乃当今世界首富，自 20 世纪 90 年代初以来，其人均 GDP 连年排名全球前列。1997 年按当年价格计算的人均 GDP 高达 4.4 万美元，比排名第四的美国（2.8 万美元），整整高出 1.6 万美元（按购买力平价计算，瑞士则略高于美国）。瑞士风光优美，为有关国际机构评为全球居住环境最佳之国。瑞士自古就这样富吗？非也，据瑞士人讲，100 多年前，这个国家曾经是很穷的。瑞士自然条件优越吗？从观光角度来说，是也。但从发展实质产业角度而言，非也。因为这个国家既无多少肥沃耕地，也无重要矿产。我在瑞士工作生活了 6 个月以后，便常常自觉不自觉地将瑞士与中国的贵州相比。因为我得到的一个突出印象是，这个国家自然条件与中国的贵州差不多，而其矿产资源，则比贵州少得多。

对于贵州，旧时国人常以所谓"三无"调侃之。其中一"无"是说它缺乏适宜发展农业的可耕地——"地无三分平"。这句话对于瑞士同样适用。瑞士是著名的多山之国，全国国土由三大自然山区组成：汝拉山区、中央高原及阿尔卑斯山区。其国土面积只有 4 万多平方公里，但高于 12000 英尺的山峰就有 50 多座，除了中央高原有些可耕地而外，其余地区均不宜农耕。国人调侃贵州的第二"无"是说它的天气不好，所谓"天无三日晴"！这句话也部分适用于瑞士。在瑞士，整个冬天没有几天是晴的，大部分时间不是下雪就是浓云蔽日，即使偶尔放晴，太阳也迟迟出来早早落去，因为纬度较高。在苏黎世一带，冬季每逢晴天，总有大雾。国人调侃贵州的第三个"无"是说它穷，所谓"人无三分银"！这句话对中世纪的瑞士也是适用的。这不光是听瑞士人自己讲的，而且凭对瑞士人某些生活习惯的观察亦可做出判断，其中一条重要的线索是饮食。我认为一个国家饮食文化的丰富程度，在很大程度上可以折射出该国历史上的富裕程度。中国丰富的饮食文化，显然部分地表明，我们祖先曾经非常富有过，因为穷人只是为填饱肚子而奔波，根本没有财力和胃口去琢磨许多吃的花样的。瑞士没有多少吃的花样，典型的瑞士"大餐"不外乎是烤奶酪加煮土豆，这显然属于典型的半农半牧民族的饮食习惯。由此可以推断，这个国家历史上要么未曾富过，要么财富的分配极为平均——没有产生过富人。后一种可能性显然不大，因为在私有制下，不可能没有两极分化。倒是前一种可能性大些。与我国的贵州省一样，瑞士多水利资源，境内为欧洲多条大河之发源地，但水力蕴藏能量比贵州低，只有几百万千瓦/时，相比之下，贵州有两千多万千瓦/时。因为瑞士国土大大小于贵州。与贵州相比，瑞士的矿藏，无论在规模上还是在品种上，都差远了。权威的《简明不列颠百科全书》说，该国"自然资源贫乏"。同一本书中说，中国贵州省"已探明的矿藏达50多种，其中煤、磷、铝、汞、锰、锑、铅锌、稀土等都居全国前列。煤和铝土矿储量居全国第三位……"

萨缪尔森曾对汪丁丁说，瑞士与日本一样，"民族比较单一，所以冲突较少"（同前）。萨氏显然是搞错了，事实上恰恰相反，不是单一性而是多样性，才是瑞士民族的特点。瑞士是著名的多民族国度，单是人口比例较大的"主体民族"就有三个：德意志人、法兰西人和意大利人，各占总人口的 64.9%、18.1% 和

11.9%；瑞士宗教教派林立，其中天主教、基督教两大教派分庭抗礼，信徒各占总人口的 49.4% 和 47.7%；瑞士语言多样，仅法定国语就达三种之多：德语、法语和意大利语。我曾参加过几次瑞士经济学界举办的全国性学术会议，发现会上发言的人一会儿用德语，一会儿用法语，一会儿又是意大利语，热闹极了。连瑞士同行都坦言不能全懂。相比之下，贵州单一多了。虽然贵州号称多民族聚居地区，但汉族占 90% 以上，汉语是唯一的国语。我同意萨氏的看法：较为单一的民族有利于经济发展和社会公正之保持。因为历史上乃至当今世界，一国内部民族间的冲突，往往是导致许多地区经济衰落的原因之一。但是，一个显而易见的事实是，萨缪尔森意义上的优势应该属于中国的贵州，而不是欧洲的瑞士。

然而，何以瑞士成为全球首富，而贵州却是中国最穷（可能也属于世界最穷）的地区之一呢？是贵州人愚笨吗？我不认为，一个能酿造出让世界为之倾倒的茅台酒的人民，能说他们笨吗？

我曾经仔细思考过瑞士致富的原因，若套用我们经常使用的一句套话，则可以说这个国家的发达，与中国贵州的不发达一样，"既有历史的又有现实的原因"。但我并没有按这种教条式程式去思考问题，我的思考首先遵循了如下两个步骤：步骤一，该国的主导产业，即该国靠什么产业致富？步骤二，促使这些主导产业形成的主要原因是什么？

通过步骤一，我得出结论，瑞士的主导产业有三：一是金融，它是全世界的主要金融中心之一，尤其是富翁们的储蓄所；二是精密机械制造，这以手表制造为代表；三是食品加工业，这以奶制品、饮品（包括奶酪、巧克力、精加工咖啡）出口为核心。在所有这三个产业，瑞士都属于世界一流，都有享誉全球的名牌。

在步骤二，我首先注意到瑞士经济上述主导产业与其独特的地理环境之间的密切联系。可以毫不夸张地说，所有这些主导产业的建立与发展，在很大程度上都是与瑞士人对其独特的自然地理条件的最完美利用密不可分的。

就其金融业而言，正由于瑞士以大山为屏障，自古易守难攻，成了中世纪以及直到第二次世界大战结束前战乱频仍的欧洲人的避难所和富人的储金地，正是利用这一优势，瑞士较早就发展了金融业，因而为后来其金融帝国的建立奠定了基础。我曾经去过著名的滑雪胜地达沃斯（一年一度的"世界经济论坛"举行地），一位祖居那里的我的瑞士朋友告诉我，达沃斯在中世纪曾是欧洲富人躲避战乱、存储财宝的地方，因为这是一座名副其实的山城。实地观察之，出入该城的山口当初确有"一夫当关，万夫莫开"的地形。城市四面环山，中间一水。山非常陡峭，水（实则为一天然湖泊）亦深不可测。正由于周围的山极高，平地极小，即使现代战争空袭，也难奏效。达沃斯实际上是瑞士好些城市的缩影，典型的瑞士城市往往是三面环山一面临水。正是利用了山区优势，瑞士才得以免于欧洲的多次战乱。保证了发展经济所需的和平环境。这一点显然是不言而喻的。

至于它的主导制造业，其发展更与山国的地理特征联系在一起。我们知道，对于内陆型山国，最麻烦的问题莫过于交通运输。从经济学角度来说，在交通不便而运输成本昂贵的地区，一国或一个地区参与区际或国际分工的最有利方式，取决于该国、该地区对运输成本节省型可贸易产品的选择。这种产品应该具有如下特点：体积小、价值大因而附加值高，同时便于储藏和运输。瑞士的主导制造业所造产品，完全符合上述经济学规则。它的以奶制品为主的食品制造业，不晚于第一次产业革命前就建立了。据布罗代尔的研究，"瑞士出产的'正宗格律耶尔奶酪'早在18世纪以前就被法国人大量消费。1750年前后，法国每年从瑞士进口三万公担"（《15至18世纪的物质文明、经济和资本主义》）。而到了工业社会时代，瑞士又将三种不大起眼的产品筑成了世界名牌：手表、巧克力（以"雀巢"为典型代表）和"瑞士军刀"。当今世界几乎妇孺皆知，这三种产品，瑞士制造的是最好的。正由于这个原因，这三种产品只要打上"Swiss Made"，往往也是最贵的。这三种产品，共同的特点是体积小、附加值大。一块"劳力士"手表能抵得上几辆"福特"轿车的价格，一把小小的瑞士军刀，在中国店里动辄要卖几百块人民币，而瑞士巧克力则是每百克售价从几个美元到十几个美元！

在完成上述两个步骤之后，我接着又追根溯源地思考下去，进入第三个步骤：在利用自然地理条件方面，瑞士人所遵循的原则是什么？我的结论是：其原则是"创造性适应之"，而非国人一度所说的"战天斗地"。比如说，在瑞士，城里若有一座山，当地的人绝对不会想到将山搬走的，而往往是利用山势建住宅，穿山而筑公路。典型的瑞士居民区往往依山而建，森林、绿草覆盖的山包与民居完美地结合为一体，人与自然和谐相处。在我看来，山在瑞士建筑学家的眼中不但不是建筑的障碍，反而是建筑之依托。我曾居住过的一座住宅楼就建在一座山坡上，由于借助了山势，楼的大门修在三层，进楼后下面两层上面两层，其中两层有户外绿地（因为以山为依托），而地下室则直通山脚，当作车库。设计太妙了！相比之下，国内的建筑师总是跟山过不去，而今从南到北，许多城市都忙着当"愚公"，挖山不止。其结果，许多城市尘土飞扬，甚至受到泥石流的威胁。这就是"战天斗地"招致的报应。我始终怀疑，人类究竟能否"改造自然"？与自然"对着干"不会招致灭顶之灾？瑞士的经验值得注意，我们的教训值得反思。

那么，瑞士人这种创造性利用自然的传统是怎样形成的呢？这是我思考的第四步所触及的问题。关于这个问题，我的初步结论是：最主要的是在于制度方面。是该国的法律制度给予最普通的老百姓以创造性地利用自然、获得财富的无限空间。而瑞士法律制度的最突出特点，则是经济决策的民主化与分权化。在瑞士，事情无论大小，许多都要借助于公民投票（比如苏黎世大街上的商店晚上应该几点关门，也要居民投票决定）；最主要的经济决策都是一个地区的公民以广泛的民主为基础作出的。关于瑞士的制度，瑞士人有一个说法：除宪法而外，从一个州到另一个州都不一样。瑞士一共有20个州和6个"准州"。我的理解是，每一个地区都按照该地区的特点制定了最适合本地区实际情况的地方性法律制度，每一个地区的人民都具有足够的决定本地区经济发展模式与具体事务的权利，以这种制度为前提的决策，应该是信息较为完全的经济决策，其失误的概率较小。这样的法律制度，显然为经济发展创造了无限的空间。

至于中国贵州为什么穷，我没有仔细思考过。但是我感到，与富裕的瑞士比起来，中国漫漫封建时代以及后来的中央计划经济体制，可能从来就没有给这个地区人民以机会，使他们按照自己所掌握的信息来做出关于本地经济发展的决策。在传统体制下，那些作出决定这个地区经济发展方向乃至命运的决策者们，大部分可能从来也没有去过那里。决策者仅凭汇报得到的信息，有多少是真实的呢？单凭这样的信息作出的决策，又有几个适合该地区的实际情况呢？老实说，我仅去过瑞士而迄今尚未去过贵州，关于贵州经济，不敢妄谈。但我相信，亚当·斯密在1776年（即乾隆三十一年）说过的关于中国经济长期停滞的原因，部分亦可以解释贵州的贫穷，至少可以解释其在传统体制下的不发达："……中国的财富已经完全达到了该国**法律制度所允许的发展程度**"（《国富论》）。换个思维顺序来说，就是说中国传统法律制度没有给贵州——一个与瑞士有着相似自然环境的地区——以足够的空间去发展经济。既然一个面积和人口规模均比瑞士大几倍的地区，连修建一条铁路或一条主干公路，都要让几千公里之外的中央政府去决定，而小小的瑞士，每一个地区都掌握着足够的经济决策权，那么，前者的贫穷落后与后者的富裕大概就不难理解了。

（本文1999年2月26日写作，11月21日修改于杭州，原载1999年4月2日《经济学消息报》）

附记：

本文系作者青年时的一篇旧作，以题为《何以自然相近而经济天壤之别——瑞士与贵州的比较思考》，原载 1999 年 4 月 2 日的《经济学消息报》。一经发表即引起学界极大关注，引发制度经济学圈内的一场不小的讨论。甚至十多年后还有人引用。此次一并编入本书，以作为参考。

关于本文的最新评论："1999 年，浙江大学著名学者赵伟在《何以自然相近而经济天壤之别——瑞士与贵州的比较思考》文中提到，贵州与瑞士，同样多山，而资源禀赋和社会构成等，贵州还更胜，为何瑞士多年人均 GDP 世界第一，而贵州则是世界上最贫困的地区之一，文章经过对瑞士几大支柱产业的形成和发展的总结，认为关键在于面对自然地理环境，我们是'战天斗地'，而瑞士人是'创造性适应'。"（评论：《东方瑞士：廿年一梦》，载《信息时报》2013 年 7 月 30 日，http://www.jjxxw.com.cn/html/2013/today_0730/7069.html）

第五篇

空间视野看中国产业转型升级

转型升级：没有退路的选择

转变增长方式与保持经济平稳快速增长是"后危机"期间中国经济的核心议题，也显系高层提出的一种新的增长战略预期。这个议题及其所引出的预期实施的成败，直接关乎我国经济能否突破"中等收入陷阱"，跨入高收入经济体之列。按照世行最新（2010 年）指标，"高收入经济体"的收入"门槛"，是人均 GNI（国民收入）超过 12276 美元。2011 年中国人均 GNI 仅达 4600 美元（人均 GDP 刚过5000 美元）的水平，距离这个"门槛"还有相当的距离。

逻辑上推断，以转变增长方式为政策着力点，不断创造或挖掘出新的增长动因，就能推动经济快速平稳增长。这个推断引申到产业层面，就成了以产业转型升级推动经济快速平稳增长了。这也是时下各级政府的流行提法。进一步地，若置于中国近年经济演进轨迹与背景之下，便会发现这个推断隐含着一个重要的战略性预期，这便是无衰退的产业转型升级。

就中国经济与产业发展现实来看，自 1992 年迄今的整整 20 年间，经济的确经历了长期的无衰退增长，但却未有明显的产业转型升级。产业发展完全采取了一种粗放式扩张的路径，主要依赖"三廉价要素"（廉价土地、廉价劳工及廉价环境）

拓展，看不到代表产业升级的要素生产率以及产业价值链提升的明显迹象。实际上即便在金融危机到"后危机"以降的最近的时段，即便在各方都已认识到产业转型升级迫在眉睫且在力推的背景下，依然看不到产业与企业层面转型升级的实质性进展，看到的要么是企业"转行"，要么是民企投资的乱局。

我们的问题是，中国经济在经历了多年无衰退的快速粗放式增长之后，能否在不发生衰退甚至不怎么降低经济增速的前提下实现产业转型升级，进入集约式增长轨道？进而，这种思路与预期若有某些现实基础的话，则需要采取怎样的战略措施，才有望将可能性变为现实性？

在一个以宽带互联网和现代物流体系联系的经济全球化的新时代，在大小企业都有几乎相同的机会参与全球化的时代，中国作为全球第一大出口国、最大的中低端制造业中心以及外资离岸业务最高的经济体等现实，意味着探讨这个问题的答案，必须有一种全球经济与产业的空间视野。而中国产业尤其是制造业在全球主要产业区之间要素互动中已经和还在增长着的重要性，则意味着探讨这个问题的一个重要理论框架，当属空间经济学。

作为理论研究者，得以专业的眼光来审视上述官方选择。"专业眼光"至少得基于两个方面的专业知识：一个是理论。我在多个场合说过，没有理论就看不到现象后面的东西。另一个是方法尤其是分析问题的范式。作为经济学人，得按照经济学科学范式看问题。什么范式？就是约束条件下的最优。具体到我们这里的问题，最贴近的理论知识无疑是空间经济学，最具体化的范式无疑是中国产业转型升级的约束条件。具体而言，就是以全球和东亚两个空间层面的核心—外围视点，考虑产业异质性和资本"异质性"，分析中国产业转型升级的空间约束条件。

转型升级：没有先例的战略

我有个专业的习惯，就是碰到任何经济问题都喜欢翻翻相应的历史。这不仅是因为我早先是从研究经济史入门经济学的，而且我有个根深蒂固的看法，中国是工业化和市场经济的后来者，而今我们许多实践，都难以绕过先行市场经济体历史上曾经经历的过渡。只不过是以变种的方式展开而已。这方面产业转型升级最未有例外。若有例外，就不会发达经济体。

略微翻翻先行工业化国家相关经济史，便会发现中国产业转型升级的这种战略预期是没有先例的，说得具体点，无衰退的产业转型升级在先行工业化经济史中是找不到先例的。

美国、欧洲及东亚新老工业化经济体以往经济增长史显现的一个普遍现象，是工业化完成或接近完成之后产业层面大的调整或曰转型与升级，往往是由一两次严重的经济衰退触发的。无衰退的转型升级是没有先例的。无论是大规模的产业转型升级还是小规模的行业转型升级，概莫能外。这一点尤以美国 20 世纪后期产业演化最突出，对于中国这样的大国经济也最具启示意义。

美国最近一次大规模的产业转型升级，发生在 20 世纪 80 年代至 90 年代，主线是制造业对那之前形成的传统产业的扬弃，代之以一个全新的由 IT 产业为龙头，以知识创造为基础的新兴产业。表面上看，此次产业转型升级似乎是与经济快速强劲增长同步发生的，实际情形则不然。实际的情形是，此次产业转型是以一场前所未有的"滞涨"为前奏的。20 世纪 70 年代发生的长期经济停滞膨胀，促成了美国经济政策与体制的大调整，后者则促成了美国历史上规模最大同时最具全球影响力的产业转型与升级。进一步看下去不难发现，即便在前金融危机最后一轮持续时间较长的繁荣期间（1980—2007 年间），美国经济也经历了多次严重下行，GDP 先后在三个年度出现过几个季度的负增长。三个年度分别为 1982 年、1992 年和 2001 年。若看 GDP 收缩与制造业高技术化之间的相关性，便会发现，每一次的微弱衰退或经济增速下行，都促成了制造业高技术化的或强或弱"上翘"——滞后一年多时间的上翘。这意味着什么？意味着这样的实施：每一次负增长或准衰退，都会促成一批老旧产业企业的淘汰出局，将资源推入新兴产业具有或高效率企业。这意味着，经济衰退为产业转型升级积蓄了能量，每一次衰退之后都会发生或大或小的产业升级。

美国最近一次颇具典型意义的产业转型升级案例，要数汽车制造业的起死回生了。这个产业的起死回生也是以一场严重衰退为契机的。我们知道，2008 年金融危机降临之前，美国这个最大的传统制造业强国已经陷入了困境，三大汽车制造商（通用、福特和克莱斯勒）负债累累，金融危机雪上加霜，将这个产业推入了绝境。2009 年年初全球绝大多数分析家都认为美国的这个产业已积重难返，没几个分析家看好其前景。然而时隔两年之后，到了 2011 年一季度，美国汽车业却以一个全新的面貌"起死回生"了。三大汽车制造商不仅利润空前地高，而且更为重要的是实现了技术与制造效率的同步跃升。有分析认为，2011 年美国三大汽车制造商所售汽车，70%以上属于创新产品！[①]

　　同样的例子在德国、日本战后经济史中也屡见不鲜。这些经济的高速增长都是以周期性的经济衰退为"休止符"的，而每一次经济衰退过后，都会发生或大或小的产业调整与升级。其中日本20世纪80年代对此前形成的"重厚长大"产业的扬弃和"轻薄短小"产业的崛起，是以20世纪70年代两次"石油危机"引发的严重衰退为契机的[②]。德国制造业的高技术化与高加工化，也是以周期性经济衰退为契机的。实际上，周期性经济衰退强化了市场竞争机制，加速了市场优胜劣汰进程，抽紧了企业与产业扩张的约束条件，迫使企业乃至整个产业去寻找新的增长点。

　　客观地来说，探讨中国产业转型升级可行路径不能仅以先行国家的经济史为参照，须置于中国经济目前发展所处的全球经济环境之下，同时考虑中国的制度特征。与先行工业化国家相比，中国经济有许多不同之处，最明显的不同至少有三。

　　一个是极高的对外依存度，在同类收入水平的大经济体中，产品市场（外贸）与要素市场（原材料、中间产品、技术和外资等）对外依存度最高，无有国家能出其右。

　　另一个是巨大的内陆腹地。这些腹地经历了农业社会的长期开发，而后是工业化发端之后的开发，最后是经济转型以来快速工业化发展。目前已经奠定坚实的工业化与市场化基础。

　　最后是政府在经济与产业发展中的主宰地位，这种地位又因一个庞大的国企系统而得以强化。

　　寻找转型升级的"中国路径"，探讨"无衰退产业转型升级"的可行性，必须综合考虑这些背景因素。

[①]　参见赵伟：《产业救助：美国式的》，《浙江经济》2011年第10期。

[②]　参见汪斌：《东亚工业化浪潮中的产业结构研究》，杭州大学出版社1997年版，第46—48页。

转型升级：一个泛核心—外围视野

中国作为全球第一大制造业中心、第一大出口国和跨国公司"离岸制造"（offshore manufacturing）最多的东道国的现实，以及产品市场、要素市场和产业技术的对外高度依赖性，都意味着中国的产业转型升级不能无视"后危机期"全球经济与产业调整的大环境，考察中国式"无衰退产业升级"的可行性尤其是理清这种预期的现实基础及其主要约束条件，必须具有一种全球经济与产业空间互动的视野，置于全球与大区域范围主要经济与产业区互动的大框架下。这样一种视野，当首推空间经济学视野。

空间经济学之最新发展新经济地理学理论有两个"关键词"：一个是核心—外围模式，核心居于支配地位，外围处在依附地位；另一个是集聚（agglomeration），"恰如太阳系物质集中在极其有限数目的星体（行星及其卫星）那样，经济生活集中于有限的人类集居地域（城市和集群）"[①]。这是该经济学分支学科的主要开拓者对这个"关键词"的经典诠释。

---

① Fujita, M., Thisse, J—F., *Economics of Agglomeration: Cities, Industrialization, and Regional Growth*. Cambridge University Press, 2002, p.1.

沿着新经济地理学视野考察全球经济中的中国经济，可以一种"泛核心—外围"范式分出多个空间层面的"核心"，其中两个层面首先值得予以关注，也最为明显。

第一个是全球经济总体层面的核心—外围分野。这是新经济地理学的一个拓展视点，最简便的做法就是考察与比较全球经济活动的空间分布。由于 GDP（国内生产总值）大体上代表着一个地区的经济活动强度，因此可以 GDP 全球空间分布为基本线索。按照这个线索，从"前危机"到"后危机"以降，世界经济有三个明确的"内核"：其一是北美经济，以美国经济为重头。金融危机爆发前十余年间，美国和加拿大两国加总的 GDP 占世界经济总量的比重，最高为 1/3 左右，最低也在 1/4 以上。其二为欧盟经济。同一时段欧盟经济总量占世界经济的比重在 3/10～1/3 之间。其三是东亚。这个核心在"前危机"的大部分时期由日本一国独占，外加呈散点分布的东亚"四小"。后来随着其余地区尤其是中国和东盟的迅速崛起，形成了一个菱形架构①，即"两大两小"博弈的区域架构。"两大"分别为中国和日本，"两小"分别为东盟和韩国。目前这块变化的集聚内核加总的 GDP 占世界的比重不小于 22％。

上述三大"内核"加总的经济规模（名义 GDP），占了全球总量的 70％～77％，因此是全球经济的主宰者。世界其余地区处在外围境地。值得注意的是最近一次金融危机对全球经济三大核心相对分量的影响。按照最新统计数据计算，从"前危机"到"后危机"最近的统计时段，亦即 2007—2010 年，北美（美国与加拿大）加总的名义 GDP 占全球的比重由 27％左右降为 25％左右，相对经济规模萎缩了 2 个多百分点；欧盟经济的全球份额由约 30％降为约 26％，相对规

---

① 早先研究提出东亚"菱形架构"说，认为"中国的崛起正在改变东亚区域经济合作格局，有一大主导的'雁形模式'变为'两大＋两小'之'菱形构架'"。（赵伟：《东亚区域经济合作中的中国因素：多视野的分析与判断》，《当代亚太》2009 年第 2 期，第 105—106 页。）

模下降了约 4 个百分点；东亚"两大两小"加总的 GDP 占全球比重由不足 19%升到 22%以上，相对规模上升了近 4 个百分点。

第二个是全球经济三大核心内部的空间架构。进一步地就全球经济这三个核心各自来审视，便会发现其内部也有一种明确的核心—外围分野。其中北美经济的核心在美国，主要位于美国沿东西两大洋分布的都市区域。欧盟经济的核心在"三大"和"三小"形成的带状区域。"三大"即德、法、英，"三小"即卢、比、荷。其中德国经济则是欧盟"核心中的内核"。东亚经济的核心在中、日、韩带状区域，其中中国主要在沿海带状区域。这个带状区域的要素市场与产业日益紧密地"捆绑"在一起，形成了产业链锁定的要素互补格局，其中日本的研发及知识产权、韩国企业家才能与"中国制造"日益紧密地"捆绑"在了一起。任何分割都会损害整体的区域竞争优势，主要是集聚优势。

综合两个空间层面动态地来看，两个趋向颇为明显：其一，金融危机在总体上未能改变世界经济早先形成的核心—外围格局，所改变的仅仅是程度，只是强化了"前危机"时段业已显露或存在的一些演化。其中两个层面的演化最为明显：一个是东亚核心内部格局的变化，由"前危机"早期的日本独大，变为中、日、韩三国分享。最大的变化是，中国名义 GDP 取代日本而居全球第二和东亚第一，由此加速了东亚核心内部的"聚变"，中、日、韩分享格局最终成型。其二，无论在哪个空间层面，中国挤进全球与区域经济核心的实力，主要靠了经济活动强度，亦即 GDP 总量，而非经济活动的密度，亦即人均 GDP。若以经济活动空间密度衡量，则中国难以与上述所有核心区域的经济体相比。这方面最明确而无情的数据，无疑是人均 GNI 的巨大差距了。按照最新数据计算，北美核心经济的人均 GNI 约为 4.6 万美元，东亚从日、韩到"四小"由 2.3 万（韩国）到 3.9 万（日本）美元不等。中国目前人均 4 千多美元的 GNI 和 5 千美元左右的 GDP，与这些核心国家的经济发展存在层次上的巨大差异。这个差异的空间经济学涵义是，要素的"向心力"相对较低。按照"标准"的 NEG 模型，区域间人均国民收入因而工资水平差异，是决定区域对于劳动及其关联要素（物质资本和人力资本）离心力与向心力的基本因素之一，因而是产业与经济活动空间移动与重构的基本动因。就这个视点推断，较低的人均 GNI 与同样低下的工资水平，意味着中国经济作为全球核心经济的地位极不稳定。

全球经济与东亚区域经济两个空间层次视野下中国经济的上述地位，亦即不稳定的核心地位，意味着中国难以承受衰退触发的产业转型升级。由于中国的核心地位主要靠了经济活动强度（总量）而非密度（人均），若沿袭工业化先行国家产业转型升级的"常规路径"，即以一场衰退为产业调整创造硬约束条件，则可能导致不利于中国的产业空间重构，失去刚刚获得的全球与区域经济核心地位。

转型升级：产业异质性寓意

若沿着 NEG 之产业集聚视野深入下去审视全球经济三大内核所集聚的产业，便不难发现一个重要现象，这便是集聚产业的异质性。何为产业异质性？说具体点，就是全球经济三大核心所集聚的产业并非是划一的，而是彼此有别的。对于这种产业异质性，至少可以四条线索予以评判：

第一条是金融业相对规模。若以金融业产出占国民总产出比重衡量，则美国最高，欧盟其次，东亚最低。最新可用统计数据（2008 年）显示，即便受到"次贷"危机的冲击，美国"窄口径"的金融业产出依然占国民总产出的 8.3%，明显高于欧盟（7%）和日本（6.9%），远高于中国（4.7%）。若按照"宽口径"的金融统计计算，则美国与别的集聚内核间比重的差距还要大（见图 4）。

第二条是研发资源集聚度。若以研发支出占全球份额作为衡量研发资源集聚度的指标，则美国所占份额多年位居全球之首，欧盟其次，东亚也最低。统计数据显示，金融危机爆发前 11 年（1996—2007 年），美国一国年度研发支出占全球比重，最低为 33.3%，最高达 38.5%，欧盟 27 国占比在 23%~30.5%之间，整个东亚国家加总占比也不足 25%（见图 5）。其中日本一国就占了 13%以上。中国最近的统计时段（2007）也仅占到全球研发的 9％，这和中国经济全球份额大体相当。

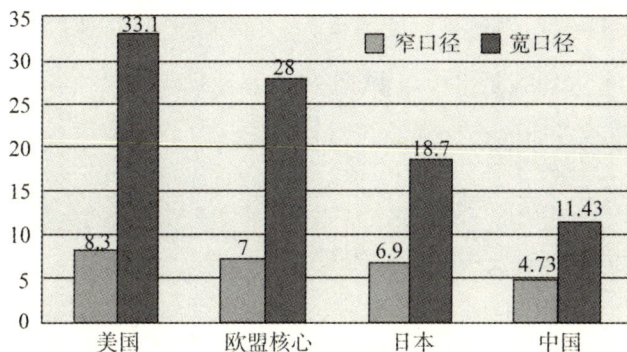

图 4　金融业增加值占国民产出比重（2008 年）：％（1980－2010 年）

说明："窄口径"金融仅含"金融中介"，宽口径金融包括房地产、租赁及相关融资商务活动。
资料来源：World Bank databank（related years）。

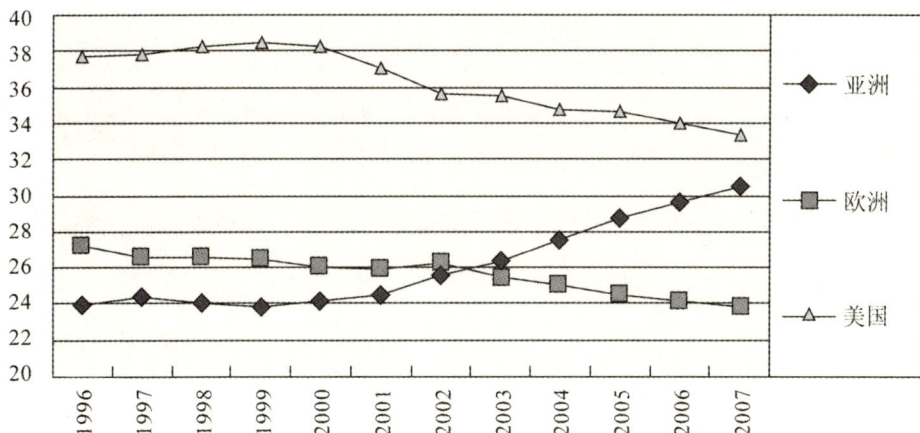

图 5　全球三大经济"内核"研发支出占百分比（1996－2007 年）

资料来源：US National Science Board，2010 *Science & Engineering Indicators*，2010，chpt. 2.

第三条是产业技术层次。可以四种 KTI 产业（知识密集型及高技术产业）
的产业化程度来衡量。四种 KTI 产业分别为商业知识密集型服务业、高技术制
造业、信息与通信技术服务业，以及公共知识密集型服务业。基于有关数据的研
究显示，这方面的排序与研发资源集聚度排序完全一致，在世界经济三大"内
核"中，美国产业的 KTI 化程度最高。最新统计（2007 年）数据揭示，美国一

国的 KTI 产业产出就占了全球产出的 1/3 以上，欧盟 27 国加总占了将近 1/3，东亚中、日加总占 13.1%，其中中国占 4.7%。同年美国的 KTI 产业增加值占美国 GDP 的比重大约接近 38%，欧盟为 30%，日本占 28%，中国约占 23%，仅比 1992 年（21%）提高 2 个百分点（见图 6）。

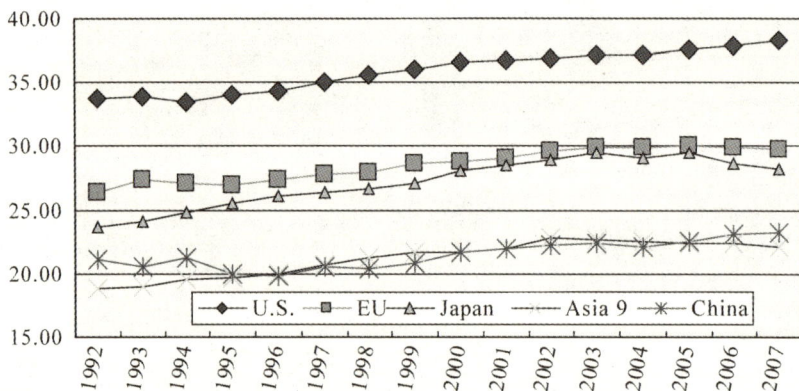

图 6　KTI 产业/国别 GDP 比重：%（1992—2007 年）

来源：US National Science Board，2010 *Science & Engineering Indicators*，2011，chpt. 6

　　第四条是制造业相对规模因而所形成的潜在与现实的规模经济优势。与美国金融、研发以及 KTI 产业独大形成鲜明对照的，则是东亚和欧盟在制造业方面的相对集聚优势。按照有关统计数据计算，目前东亚已经超越别的地区成为全球第一大制造业中心。2010 年中、日、韩三块加总的制造业产出约为 4.5 万亿美元，超过欧盟（4.4 万亿美元）而远大于美国（3.2 万亿美元）。与此同时，若以制造业占 GDP 比重衡量制造业相对规模，东亚也高居全球三个经济内核之首：2010 年美国制造业/GDP 比重约为 22%，欧盟约为 27%，中、日、韩三国加权平均比重高达 39%。其中中国超过 45%，韩国超过 39%。与制造业相对规模一致的，则是制造业专利数量。世界知识产权局（WIPO）最新研究报告揭示，2007 年全球工业设计注册数（industrial design registrations）大约为 51.2 万项，其中 26.2% 可归于东亚。同年日本、韩国和中国获准的工业专利分别位列全球第1、第5和第17名，三国加总的专利数达10.4万件，超过美国（6.5万）和欧盟（6万多）两大核心经济体。

这样我们看到，不仅全球空间层面上，而且东亚空间层面，经济核心所集聚的产业之间存在明显的异质性（heterogeneity）。这种异质性后面以及所引申的，则是产业规模经济（economies of scale）与集聚外部性（externalities of agglomeration）的差异。全球空间层面来看，美国金融与研发集聚优势因而规模经济大于制造业，东亚制造业集聚优势因而规模集聚大于金融与研发，欧盟正常情形下这两个产业的优势介于美国和东亚之间：制造业集聚优势强于美国而弱于东亚；金融与研发及KTI产业集聚优势大于东亚而弱于美国。东亚空间层面来看，日本研发与KTI产业高居"东亚核心"之首，韩国其次，中国最低。实际上作为东亚核心的最新而不稳定的一员，中国迄今所形成并具有较强集聚优势的产业，还是制造业，且以规模取胜。

全球与东亚两个空间层面的中国产业异质特征意味着，中国产业升级重头在于制造业，而制造业转型升级的一大议题，在于保持其总体集聚优势的同时，实现内部主要行业的技术升级与效率提升。

转型升级：直接投资异质性寓意

空间经济学视野来看，全球范围内的 FDI 流动是企业区位重置与产业空间重构的基础动因。FDI 即对外直接投资，宽泛的 FDI 包涵了所有跨区域直接投资。企业空间重置又称区位重置，意味着企业迁移或跨地域扩张，而产业空间重构，则是企业区位变化的结果。早几年基于先行工业化大国企业国际化与对外直接投资的历史考察，我曾提出这样一种看法：对外直接投资、企业国际化和跨国公司发展，是同一事物的三个侧面。这里沿用这一思想。

空间经济学视野的 FDI 流动有个暗含的假定条件，这便是 FDI 的同质性。然而现实世界的情形并非如此，现实世界的情形是，空间上流动的 FDI 具有强烈的异质性特征。表面上看似无差异的两笔 FDI 实则是不同的，这种不同既可从投资主体差异引出，也可自 FDI 有形与无形载体自身的特征分辨出。早先有研究已经注意到这种异质性，但要么强调 FDI 规模异质性和资产专用性方面的差异，要么以企业异质性视点将企业规模大小及其生产率高低和 FDI 类型挂钩，进而分出 FDI 异质性。客观地来说，除了此类异质性而外，还可从别的视点切入引出 FDI 之异质性特征。其中一个重要视点是投资主体之产业偏好差异。说明白点就是资本所有人投资目标产业偏好。

按照 FDI 投资主体或所有者对于投资东道地产业选择偏好来判断，即便企业规模与 FDI 数额不相上下，两股源自不同国家或不同产业的 FDI 之间依然会有明显的差异。一笔 FDI 或许偏好制造业，另一笔 FDI 或许偏好研发与金融业。乍一看这种差异是投资主体"自选择"（self-selection）的结果，然而若深入下去分析便会发现，在 FDI 此种差异后面，存在两个深层的原因：一个是投资者所持有的以有形资产（机器设备等）或无形的知识（知识产权、商业秘诀及人力资本等）形式存在的那部分 FDI 产业属性。另一个是 FDI 预期东道地产业的显性与潜在比较优势。其中前者多半源自这些 FDI 得以形成的母体产业异质性，后者则与东道地已有异质性优势产业的向心力联系在一起。

前已论及，全球经济三大核心所集聚的产业具有明显的异质性。其中美国以金融与研发见长，此类产业的全球集聚程度最高，KTI 产业优势也最高；东亚以制造业见长，制造业集聚程度最高，但 KTI 产业优势最低；欧盟居中，正常情形（未发生主权债务危机的情形）下兼具金融、研发与制造优势，KTI 产业优势远高于东亚。我们知道，以德、法、意为代表的欧盟制造业长期占据着全球高端制成品的生产与供应位置，东亚除日本而外其余地区的制造业，多半居于中低位置。由此可将全球三大核心各自所集聚的产业分为四个类别：（1）金融偏重型，记作 F；（2）研发偏重型，记作 R&D；（3）高端制造偏重型，记作 M_H；（4）中低端制造偏重型，记作 M_L。

相应地按照投资主体产业选择偏好异质性，全球范围内流动的 FDI 也可分为四种类型：（1）金融资产寻求型，记作 F－seeking；（2）研发寻求型，记作 R&D－seeking；（3）高端制造寻求型，记作 M_H－seeking；（4）中低端制造寻求型，记作 M_L - seeking[①]。

按照上述产业异质性分类线索考察全球经济三大"核心"之间的 FDI 互动，便不难发现如下倾向：M_L - seeking 型 FDI，倾向于流往东亚尤其是中国；M_H - seeking 型 FDI 青睐欧盟制造业中心；F 与 R&D - seeking 型 FDI 则多半青睐美国，正常年份也青睐欧盟。具体而言，北美甚至欧盟核心国家的研发成果一旦形成专利与设计，需要借助大批量制造业付诸实施的投资者，倾向于选择东亚尤其是中国。因为只有在东亚尤其是在中国，才能找到"性价比"较优的制造业投入-产出函数，造出性价比一流因而市场竞争一流的产品。另一方面，那些已经自东亚尤其是"中国制造"获得了可观利润且形成了货币形式资本沉淀的投资者，则倾向于将资本与美国的金融与研发或者欧洲的高端制造业链接，因为那里的这些产业最具全球集聚优势。

这样，若以空间经济学的理论范式分析下去，则在前述全球经济"三大内核"之间，存在一个事实上的"异质性 FDI"往复循环的"对流"。其全球空间动态过程可做如下描述：东亚投资者自制造业积累的利润一旦沉淀到足够大的规模，便会在全球范围寻找投资机会，产生金融、研发与高端制造偏好，因此多半会流向北美尤其是美国，少半则会流向欧盟尤其是英、法、德等欧盟"核心国家"。与此相对应，在美国和欧盟两大核心，也有一些"异质性投资"倾向于流往东亚尤其是中国。此类投资多半属于低端制造寻求型的。

主导与加速上述 FDI "对流"循环的机理主要有二：一个是金融与研发合力

---

① 这种分类反映了对外直接投资本身的某种"异质性"（heterogeneity），而与管理学家们所说的企业竞争所仰仗的"异质性资源"（heterogeneous resource）不同。管理学之"资源基础论"者所说的"异质性资源"，强调企业已经形成的与众不同的那些非金融资源。参见 Hoopes, D. G. et al. Guest Editors' Introduction to the Special Issue: Why is There a Resource-Based View? Toward a Theory of Competitive Heterogeneity. *Strategic Management Journal*, 2003 (24), pp. 889—902.

催生的成果尤其是制造业技术专利价值转化的要求。美国与欧盟集聚的金融与研发所合力催生的最主要产品，无疑是各种技术与专利，这些技术专利的价值实现与变现需要借助制造业，由此促成了制造业寻求型投资的涌动。此类投资最佳目的地，无疑是东亚尤其是中国，因为只有在那里，才能将其变成性价比最优的制造品。另一个是空间经济学意义上的"拥挤成本"机制。美国与欧盟内部制造业寻求型（M－seeking）投资及其关联要素持有者，一旦受到内部集聚过密因而"拥挤成本"的挤压，则会倾向于流往东亚。

进一步地就东亚空间视野来看，在中、日、韩之间也存在类似的 FDI 流动格局，但带有强烈的"非对称"特点。具体来说，日本的研发与高端制造业形成的知识产权与大规模制造需求，韩国国内商业文化催生的超常规企业家才能以及本土中高端制造业的海外扩张需求，都须借助外向 FDI 实现，此类 FDI 当首选中国。但和美、欧相比较弱的金融集聚度和较为封闭的研发业，则意味着日、韩此类产业向心力较弱，因而对中国单纯金融－研发与服务寻求型 FDI 吸引力不大。由此存在事实上的"非对称 FDI 对流"，日韩两国面向中国的制造寻求型 FDI 远多于中国面向日韩的金融与研发寻求型 FDI。

全球与东亚两个空间层面的经济核心之间"异质性 FDI"互动格局，可借助一张简图予以刻画（见图 7）：

中国视点的两个空间层面的异质性 FDI 互动格局的现实寓意是，正常环境下中国与欧盟和美国之间存在较为稳定的异质性资本"对流"：一方面中国制造业利润所沉淀 FDI，多半倾向于流往美国及欧洲的非制造业（金融、研发与服务），小部分青睐欧洲高端制造业；另一方面，美国与欧洲以知识产权为载体的制造寻求型 FDI，则倾向于投往东亚尤其是中国。类似地，在东亚内部，中国与日韩之间存在异质性 FDI 的"非对称对流"。

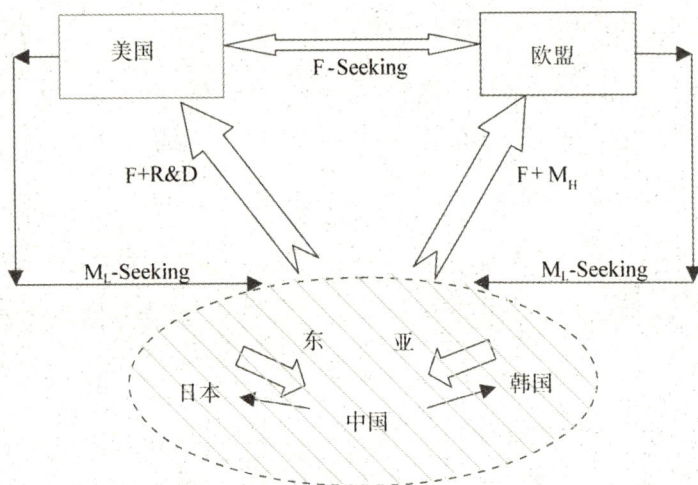

图7　全球与东亚两个空间层面的经济核心之异质性 FDI 互动

注：箭头方向代表 FDI 流向，线条粗细代表 FDI 流量大小。
来源：作者自绘。

　　这个视点来看，保持与稳定中国与发达经济体尤其是美国、欧盟外加日韩之间这种异质性 FDI 的对流，当有利于中国实施无衰退产业转型升级战略。任何对这种异质性 FDI"对流"的削弱甚至逆转，都可能损害业已形成的稳定性，进而损害中国产业技术升级。

转型升级：多个异质性的对接？

　　产业转型升级既是中国经济发展必须迈过的一道坎，也是政府推动经济发展的一种战略选择。经济学常识告诉我们，人类任何选择都是有约束条件的。就中国产业转型升级的现实来看，前面的分析可导出一系列约束条件，其中以下几个约束条件最为明显而关键：

　　（1）产业转型升级须在保持经济总量继续增长的前提下推进；

　　（2）产业转型升级须在维持业已形成的集聚产业优势抑或"向心力"的同时推进；

　　（3）产业转型升级须在保持两个空间层面业已形成的中国与别的经济核心间异质性 FDI"对流"平衡——有利于中国产业的前提下推进。

　　上述第一个约束条件的逻辑，源自中国在全球经济和东亚经济两个空间层面上新近获得的"核心"地位的不稳固性。前已论及，中国挤进这两个空间层面经济核心的实力，主要在于经济与贸易活动强度（总量）而非密度（人均）。按照空间经济学 NEG 之"离心力"与"向心力"范式判断，任何对中国经济总体规模的削弱，都可能削弱中国经济的向心力。因此，中国无法沿袭先行工业化国家的"常规路径",借助周期性衰退为产业调整创造硬的约束条件。

不仅如此,作为制度转轨的经济体,制度改革的未完成意味着制度的不稳定性,进而意味着,任何导致经济总量收缩的衰退,即便是轻微的负增长,都可能引发物质资本与人力资本的双重流失,进而引发产业不利于中国的空间重构甚至灾难性的"崩盘"效应。就这个视点来看,中国的产业转型升级,必须在保持经济总量增长的前提下推进。因此,从"无衰退的粗放"到"无衰退的集约",当是中国唯一的低风险选择。

第二个约束条件的逻辑,源自两个空间层面经济核心产业异质性分析。我们的分析业已揭示,在全球空间经济层面的三大经济核心中,美国最具集聚优势的产业在金融与研发,东亚在制造,欧盟兼具两个产业的优势,但金融与研发不及美国,制造不及东亚。在东亚空间层面,日、韩制造业规模经济都不及中国。产业异质性此种空间格局意味着,作为东亚核心重要一员的中国经济,产业转型升级当以强化制造业集聚优势为第一要义。

第三个约束条件的逻辑,源自两个空间层面的 FDI 异质性分析。我们已经看到,若考虑 FDI 异质性特征,则无论在全球还是东亚空间层面,中国都占据着重要一环:一方面是在两个空间层面上占据着"制造寻求型"FDI 的首选东道地的地位,另一方面是新兴快速成长的金融、研发及高端制造及服务寻求型 FDI 的原发地。中国制度转型的艰难性与长期性,意味着在中短期内中国的金融、研发及高端服务业难以与发达经济体相提并论,因为此类产业属于强制度依赖型产业,对于制度的质量依赖很强①。由此意味着中国在中短期内不可能形成堪与北美相匹敌的金融向心力与研发实力。这个视点来判断,中国制造业沉淀的金融与研发寻求型资本量及其外向投资量将会越来越大,由此必须面对的挑战是,保持外向

---

① 这方面分析参见赵伟:《制度依赖型产业》,《浙江经济》2011 年第 8 期。

与内向 FDI 流量的适度平衡。产业转型升级当以保持这种平衡为约束条件，否则将会因资本外流过速而引致紊乱。

上述约束条件中，第三个条件最值得关注。这个条件不仅可作为中国产业"向心力"强化或弱化的风向标，而且可作为政府推动"无衰退式产业转型升级"政策的一个重要着力点。客观地来说，FDI 流出与流入势头高低，在很大程度上以内外投资者对中国经济与产业现状及前景判断为转移，就中国产业转型与升级要素供给一边来看，保持内外向异质性 FDI 流动的数量平衡至关重要。目前中国虽然在全球经济失衡中占据有利地位，内外储蓄相对丰裕，但人均资本存量依然难以与发达工业化国家相比。无论与产业转型升级还是宽泛的突破"中等收入陷阱"所需的资本供给相比都不算多，加之人民币国际化本身存在先天性制度障碍，存在资本外逃的现实风险。因此防止过度资本输出与保持国内资本供给的充裕依然是第一要义。全球产业与 FDI 对接视点的政府政策的着力点，须在加快金融体制改革的同时，保持人民币一定的升值预期，以利于吸引寻求型（M—seeking）投资资本的继续流入。

就中国经济与产业现实来看，追求无衰退的产业升级有两个重要空间：一个是作为大国经济的内部空间回旋余地。若以前述空间经济学之"泛核心—外围"的视点来看，作为一个地域与人口双重意义的大国，中国经济本身也是由多个空间层次构成的，每一个空间层次的经济都有核心与外围之分①。若沿着全球而东亚两个空间层面看下去，则中国本身还存在一个足够大的空间分野，这便是沿海与内陆的空间分野。其中沿海是核心，内陆是外围。判断这种分野，可借助一系列指标，其中与我们的主题联系最紧密的，当首推四组指标。分别为经济总量、

---

① 早先的研究曾提出一个"多层次区域格局说"，将大陆经济就分出五个区域科层（赵伟：《中国区域经济开放：多层次多视点的考察》，《社会科学战线》，2006 年第 6 期，第 57—63 页。）

工业、外资与外贸。所有这些指标中，除了人口而外，东部都占大头，因此是中国经济的真正核心。

中国经济与产业内部空间分布上的核心—外围结构，意味着产业转型升级的重头在沿海地区。由此可取国内空间上非平衡的产业转型升级战略。在沿海地区强化产业升级约束，而在内陆地区强化增长。借以实现经济增长与产业转型的兼顾。

另一个是作为转型经济体的制度本身的特征，以及政府战略作为。源自中央计划经济的中国经济制度的一大特征，在于各级政府在经济发展中的主宰地位，政府战略及其相应政策措施对于经济活动的影响超强。这样一种体制的弊端虽很多，但以往30多年的经济快速增长表明，政府在推动区域经济增长中的确发挥了巨大的作用。产业转型升级离不开政府的积极干预。有研究认为，20世纪七八十年代突破"中等收入陷阱"因而实现了产业转型升级的13个经济体的五个"惊人的相似"之一，便是"拥有负责、可信和有能力的政府"。①

中国以往30年快速发展的经验表明，与"政绩"挂钩的"考核指标"在地方经济发展中起着关键的导向作用。由此可否这样设想：出于无衰退转型升级需要，在沿海与内陆实施区域有别的经济考核指标：沿海强化产业转型升级综合指标考核而淡化GDP增长指标，内陆则兼顾两个指标。

---

① 别的四个"相似之处"是：（1）充分利用了世界经济；（2）维持了宏观经济的稳定；（3）保持了高储蓄率；（4）通过市场配置资源。（参见林重庚、斯宾塞：《中国经济：中长期发展和转型》，中信出版社2011年版，第5页。）

转型升级：一个县域经济视点

引　言

本次会议的主题很明确，就是围绕昆山产业转型升级发表议论，给我出的题目也很明确，就是昆山产业转型升级的难点与对策建议。虽然多年未曾来过昆山，但我一直在关注这里的发展，原因在于这块经济在长三角县域经济发展中特有"地域个性"，值得特别关注。与长三角别的县域经济相比，昆山经济以往发展中至少有两个地方最具"地域个性"，最值得经济学人去关注：一个是在"苏南模式"之"脱胎换骨"变化中所起的龙头作用及其示范效应。在苏南县域经济中，昆山率先趟出了一条"三外齐上，以外养内"的路径，通过引进外资、发展外贸与国际经济合作等"三外"，改造了20世纪80年代到90年代初期形成的模式，建立了高度外向型的经济与产业，对苏南甚至长三角别的县域开放型经济的发展起了很大的示范效应。有段时间，几乎所有想引进外资的地区都派人来昆山考察。另一个是县域范围的 FDI 产业集聚，尤其是 FDI 主宰的产业集聚。昆山率先建立了全国最大的台资集聚产业区，在县域经济中引进 FDI 最多，台资最多。单是这两点，昆山不仅可谓研究中国经济转型的重要案例，而且也是空间经济学研究产业集聚的经典案例。空间经济学有个热门论题，这便是 FDI 与产业集聚，我以为要研究这个论题，最鲜活的案例就在昆山，要数昆山发生的台资企业集聚案例了！这也是我很乐意来昆山参加会议并发议论的一个重要原因！

何以判断区域产业转型升级现状与难点？

我曾说过，判断事物大势需要三方面的知识，分别为历史知识、理论知识和现实观察能力。沿着这个固执的己见，我以为要判断一个区域的产业转型升级，除了握有对现实情形的尽可能完整的信息外，两块知识必不可少：一块是经济史知识。近期我写了篇文章，题目是"全球视野的中国产业转型升级"。从对先行工业化国家的经济史考察开篇，得出的一个结论是，产业转型升级多半是由经济衰退促成的。像我们所预期的那种无衰退的转型升级是没有先例的。

另一块是理论知识。这方面三位经济学大师级人物的说法值得留意：

第一位是阿尔弗雷德·马歇尔。他在经济学原理中把产业比作森林，把企业成长比作树木生长，把政府比作护林人。护林人最初的任务是种树，到后来需要砍树，以便为那些有生命力的树木腾出空间。然而砍树取舍要比种树难，因为很难决定砍大树还是砍小树。

第二位是保罗·罗默。他是新增长理论的开拓者。他基于战后一些高增长的发展中经济摆脱或坠入"中等收入陷阱"的实证研究得出的结论，导致"中等收入陷阱"的主要原因，在于政府身份与行为未能适时转换。经济发展早期，政府非常清楚应该做什么，可以强力去干预产业与企业发展。但当经济进入中等收入水平之后，政府容易迷失方向，很难做出准确判断，强力干预反而有害。这就需要转换身份，发挥市场力量。然而这时一些政府却倾向于"像指挥军队那样"去干预产业与企业。政府容易犯的一大错误，就是倾向于助"大树"困"小树"，把资源给那些已经丧失了创新能力的大企业，而忽略了那些有创新能力的中小企业，结果导致整个产业的创新能力萎缩。

第三位是熊彼特。他的名言是，"创新即破坏性创造"。按照他的视点，产业效率的提升靠企业与企业家们的"破坏性创造"。美国有经济学家据以提出"就业破坏"的概念，认为判断一个经济体的创新活力，关键要看其就业破坏与就业创造的活跃程度。所谓就业破坏，就是因企业重组或破产而失去的就业岗位，而就业创造则是指与新企业或新行业产生联系在一起的就业机会。产业层面来看，就业机会的这种新老更迭，恰恰反映了一个产业内部细胞的新陈代谢，因而转型升级进程。研究揭示，此次金融危机前30年美国经济强劲增长期间，平均每年发生的就业破坏占总就业量的大约15%，就业创造占总就业的约17%，两相抵消，每年新增就业2%，几乎与经济增长率（约3%）持平。

我以为，可以上述历史与理论知识为视点，审视区域产业转型升级。按照这两方面知识来看，昆山产业究竟有没有转型升级，相信在座的各位自己会有一个接近客观现实的判断，不必我去说破的。

个人认为，如果一个高速扩张了30多年的地区的经济，而今还在以两位数的速度狂奔，还在忙着征地拆迁上项目，多半意味着还在铺摊子，还在粗放，很难说是在转型升级。像我们这样制度转轨尚未完成的半拉子市场经济，政府很容易犯的一种错误，恰恰是罗默所说的那种，"像指挥军队那样"去干预产业发展。如此同样很难看到转型升级。经济史一再证明，资源配置方面政府选择总比市场选择要差些。如果不是这个理，我们当初是不会去改革的。

产业转型升级的难点

有了前面的历史与理论知识，现在可以回答论坛列出的第一个问题："转型升级的难点在哪里？"我以为首当其冲的难点有两个：

其一，"稳增长"与转型升级兼顾很难。从上到下都在喊稳增长，近乎作为一种政治任务在力推。这实际上意味着政府在追求一种无衰退的转型升级战略，既要保持经济高增长，又要实现产业转型升级。前面说过，这一点在先行工业化国家那里是没有先例的。这也意味着一种冒险，意味着地方政府要做难，是对地方政府能力的一大考验！

其二，政府行为转换。向哪里转？就是向激励市场因素在资源配置方面发挥基础作用的方向转。像罗默建议的那样，把资源配置尽量交给市场去决定，政府须从直接干预产业后撤，以优化市场制度环境为第一要义。

上述两点说起来容易做起来难。我以为这大概就是难点。

政府何以推动区域产业转型升级？

就一个特定地区而言，政府对于产业升级究竟应该做些什么？这方面没有一般化的程式。近期读到一位美国管理学教授的文字，颇受启发。先拿来供大家分享。文章的标题是《怎样加速美国发动机运转？》。他建议政府做三件事：其一是激励创新。通过强化市场优胜劣汰机制，促进企业创新，也就是熊彼特意义的"破坏性创造"。为此须容忍"就业破坏"，把就业破坏作为刺激产业活力的一个重要部分。其二是激励投资，具体做法是通过减税。他认为政策应确保国内外的资金都能得到有效的利用，不可盲目听信一种说法，对冒险和创新的高收益课征重税，这样会打击创新。其三是共享，即最大限度地让大众得到经济增长的好处。除了增加收入而外，还应增加教育和技术培训的公共财政支持力度。

（本文为 2012 年 6 月 1 日在江苏昆山"中浦院"昆山论坛的发言，6 月 2 日补记于高铁旅行中。）

第六篇

空间经济学漫谈

空间：经济学的一个大视野

给研究国际贸易的同行朋友说，国际贸易是个空间经济学问题，听者往往愕然。因为在通常的界定抑或学科分类中，在经济学几大分支中，国际贸易是个相对独立的"二级学科"，和区域经济学并列。然待我说出后面的话，大多数人会认同的：国际贸易所考虑的核心经济现象，是在一地生产，在另一地销售与消费，是空间上的异地生产能力的转换！不是吗？在中国浙江生产的鞋子，在巴黎或纽约销售，这不是个空间转换问题？有趣的是，经济学长期以来把贸易的空间因素给舍去了。20世纪80年代之前，几乎所有的贸易理论都假定国与国之间没有距离，货物的移动是没有成本的。即便考虑距离和运输成本，也仅以外生形式处理之，作为两地之间同一货品价格落差的一种扣除。与这种思维定式不同，空间经济学首先考虑的是距离，是可贸易货品移动的成本，是包括了货物移动成本、关税甚至"制度摩擦"在内的宽泛的运输成本或贸易成本。

考虑到运输成本，距离、区位就显得特别重要。特定货品在特定地区生产就显得和"命中注定"的那样自然天成！尤其值得留意的是生产特定货品甚至服务提供者在特定地区的"扎堆"现象。空间经济学把这种现象叫做产业集聚，又称企业集群。

仔细去看产业集聚与企业扎堆现象，就会发现其诸多好处。同一类企业扎堆，可以分享基础设施等固定成本，"摊薄"单位产出的成本，分享信息。同一类技术工人扎堆，有利于激励创新和技能的传播，企业也容易招到合格的技工和技师。还有别的许多好处。比如上游供应商愿意按最低价格供给投入品，因为他们很清楚，在众多企业集聚的地域，你的产品卖给一家企业，就有可能打入别的所有企业，你可以按照薄利多销的方式占有市场并获取利益，单位产品价格虽低但总利润不少。下游企业纷纷来这里进货，运输商也愿意以最好的价格承揽这里的物流生意，因为进出都有货拉，运输工具闲置率低。空间经济学把企业扎堆获得的诸如此类的好处归入一个概念——集聚经济。类似流行的规模经济的利益。恰恰是受这种集聚经济利益的诱惑，企业倾向于相邻而居。恰恰由于这种集聚经济的好处，无论单产业集聚的地域抑或多产业集聚的城市，其生产率以及创新能力都要高于别的地区。

由产业集聚引出一个大视点，这便是核心—外围视点。企业扎堆因而经济活动集中的地域就是"核心"，与此类地域相对应的地域是"外围"。核心地区往往为投资者和企业家所青睐，容易吸引到投资和企业。外围地区不仅难以吸引投资和企业，因而难以聚集产业，而且还可能发生企业与产业外迁，迁往那些生机勃勃的经济或产业核心。由此存在被"边缘化"的风险。换个视野来看，一国范围还是全球范围，特定的可贸易商品和服务的生产总有那么几处特有名，特有"人气"。比如说，金融业纽约最有名，时装设计巴黎最有名，高端制造德国—瑞士一线最有名，廉价制造中国最有名，如此等等。那几处就是那个产业的核心所在，别的地区就是外围。这是狭义的核心—外围分野。空间经济学日益倾向于一种宽泛的核心—外围视点，即按照经济总量和人均国民收入考虑经济活动的空间分布。由此全球范围可分出三个大的经济核心，分别为北美、欧盟和东亚。这是全球最大的三个经济核心。三大核心加总起来经济产出占全球经济总量的七成五左右。余下的地域所占份额之少可想而知！我沿着这个视点提出一种看法：这三大核心内部可在多个空间层面分出多个核心—外围，称作"泛核心—外围"视点。比如在东亚，核心以前由日本独占，"前金融危机"时期中国的迅速崛起即已显现出中、日、韩分享核心的格局，金融危机加剧了这一格局。这意味着中国已经打入全球经济核心。进一步就中国经济来看，沿海是核心，内陆是外围。而在"大长三角"地区，上海是核心，江、浙是外围，如此等等。

或许有人要问，你讲这些有何用？我说太有用了。以往30多年浙江经济的快速发展，尤其是"富民优先"的发展，在很大程度上得益于集聚的威力。没集聚就没有义乌市场和围着那个市场扎堆丛生的小商品制造业，就没有萧山和永康此类制造业中心，也就没有浙江的所谓"块状经济"。和任何事物一样，物极必反，集聚过盛就会走向其对立面，亦即扩散。下一步中国制造与浙江经济面临的风险恰恰是扩散。假若已经集聚的产业核心与城市投资环境恶化，就孕育着投资外流和企业与产业外迁的风险。就这个视点来看，区域产业转型始终不可忽视集聚的向心力。落实"十八大"提出的收入倍增和转型升级兼顾战略目标，一大着力点无疑在于在强化已经形成的产业核心的向心力的同时，提升城市的产业与高端要素向心力。

（本文 2012 年 11 月 26 日晨写于杭州，原载
《中国社会科学报》2013 年 1 月 14 日 A06 版）

集聚的逻辑：两个故事的寓意

　　企业具有扎堆而居的倾向，扎堆具有集聚经济的好处。这一点无须多说。这里先要说的是，特定产业在特定地域的集聚，事后看来宛如命中注定地那样自然天成。故而底特律成为全球汽车之都，纽约成为全球金融之都，顺德成为中国家电之都，在常人看来似乎都是顺理成章的。然而在空间经济学家看来，这里大有学问。学问何在？先从产业集聚的两个故事说起。

　　一个是外国的，是当代空间经济学开拓者保罗·克鲁格曼讲的。故事是这样的：1895 年，美国小镇乔治亚的一名女孩编制了一件植毛床罩，送朋友作为结婚礼物。其"直接后果"是：几十年后，那座小镇"脱颖而出"，成为北美最重要的一个羊毛针织品制造中心。这个故事后面的情景是不难想象的：那件植毛床罩在婚礼上大出风头，来的客人见了都说好。问那女孩在哪儿买的，回说是自己亲手编织的。于是有客人纷纷向那女孩订单。女孩婚礼上就拿到了好几份订单，回家后办了个手工作坊。第一批货发出去后起到广告效应，收到更多订货，作坊尤以扩大……发货后订货更多，自己忙不过来动员邻居加盟，邻居纷纷效仿，数年冒出一批羊毛针织厂……小镇因而成为毛织品中心。

另一个是中国的，确切地说是浙江温州的。故事是这样的："文革"后期的1972年，温州柳市镇某村一谢姓农民去安徽淮北煤矿探亲，和那里一位做采购员的亲戚闲聊中，获知煤矿所需一种井下用的微小低压电器零件（交流触电头）脱销。于是让亲戚拿几只看看，带回家琢磨了一番，竟然仿制了出来。拿去煤矿一试很管用。于是找人绘制图纸，借钱办了家社队企业，专门生产那种低压触电头。这件事的直接后果是：两三年之后，全村人都在参与制造低压触电头之类的电器零部件。间接后果是：改革开放十数年后，温州柳市镇一跃而为全国最大的低压电器生产中心。

两个故事引出了一个经济学的古老命题：产业地方化。这个话题是由经济学大师马歇尔提出的，探讨的主要问题是特定产业在特定地域落脚并生生不息的原因。我从马歇尔《经济学原理》中理出了三个因素，分别为：（1）"统治者有意无意"的安排，（2）商人的眼光及才艺，以及（3）商业上的便利。并认为这三个因素中最重要的是后面两个因素。我还认为，第三个原因，亦即特定地域对于特定产业"商业上的便利"，隐含着当代空间经济学之产业集聚理论的重要元素，也是解释前述两个产业地方化故事的重要切入点。

或许有人要问：你讲这些老八辈子的故事有何用？我要说的是，太有用了。时下中国好些地方不都想"培育新兴产业"吗？在我看来，地方政府首先得搞清楚，我这地儿"有木有"那类产业落地生根与做大做强的"商业上的便利"？

（本文 2012 年 12 月 16 日晨写于杭州；原载《中国社会科学报》2013 年 2 月 4 日 A06 版）

贸易成本的效应

　　多次去义乌，自以为兴趣和常人不一。常人去义乌多半冲着那里的小商品城，要么想感受那种热闹气氛，要么指望淘点又便宜又好的货品，我去那里特想看看那些店面后面的制造企业。我以为从那种市场与制造企业的区位关联中，可以找到很好的案例，借以研究企业区位选择和产业集聚，检验空间经济学的经典理论推断。什么推断？运输成本在经济活动空间分布和空间重构中的重要性。按照推断，特定产业在特定地域得以集聚的重要外生变量，是那个产业所产产品的运输成本高低。若其运输成本过高，则本地生产比贩运有利可图，特定地域集聚的特定产业就可能在别的地域给如法炮制出来。或者说，运输成本过高，一种产业可能分散到多地域集聚。在义乌就能看到此类活生生的案例。其中最典型的要数义乌浪莎公司了。不用我多说这家企业是做什么的，相信大多数人都能想到"浪莎袜业"四个字，因为其广告一度铺天盖地，其产出已多年占据全球织袜企业头把交椅的位置。

　　浪莎创业的故事是其创始人亲口讲给我听的。故事是这样的：改革开放初期三兄弟常去广州批袜子，装在蛇皮袋子里当行李坐火车带回义乌，转卖给摆摊妇女。起初颇有赚头，但时间一长，做这个生意的人越来越多，广州到义乌的火车票也越来越难买，行李超重查得越来越紧，补票费越来越贵，赚头越来越少。有时付了行李超重费没了任何赚头。眼看着生意没法做了，正在发愁，一位常和他们打交道的广州批零生意朋友点拨说，你们何不买台织袜机回家去织袜，而后就地卖。三兄弟接受了这个建议，自广州买回三台织袜机，在家里织袜。发现赚头大卖得好，于是建厂，后不断扩张，十数年间便成为全国最大的织袜厂。不独浪莎一家，在临近义乌的诸暨大唐镇集聚了多家大型织袜厂。有了义乌和大唐镇，浙江织袜业后来居上，堪与珠三角相提并论，而义乌及其邻近的大唐镇全然成了全国乃至东亚著名的袜业中心了！

可以这样设想：设若当年铁路没那样拥挤，车票没那样紧张，三兄弟长途贩袜依然有赚头，谁还会想着在义乌办厂织袜，浙江哪里还会有机会建立堪与珠三角抗衡的袜业中心？亏得扒火车贩袜成本大涨，才有后来的那个故事。这个故事是对空间经济学关于运输成本变化影响产业集聚空间重构的一个最好的脚注！运输成本上涨帮了义乌的忙，使原本集聚在广州的袜业扩散到义乌，形成新的集聚区，把一个单区域集聚变成了两区域集聚。运输成本上涨伤了珠三角的袜业，促使那里原本集聚的袜业扩散甚或转移到了别的地区。但就义乌自身来看，由于先行崛起的小商品市场和围绕这个市场形成的覆盖全国的"浙商"网络，极大地降低了交易费用，从那里批发鞋袜之类小商品长途贩运费要比别的地区低，制造企业在那里可以大批量制造，享受规模经济好处，因而形成集聚与集群。

按照新经济地理学的经典模型推断，运输成本过高过低都不利于产业集聚。但现实世界很难找到运输成本过低导致产业扩散的例子，大量存在的是运输成本过高导致特定地域业已集聚的产业萎缩。这大概就是纯理论分析与现实世界的差异所在。经济学家有时为了追求模型的完美而对有些现实视而不见！

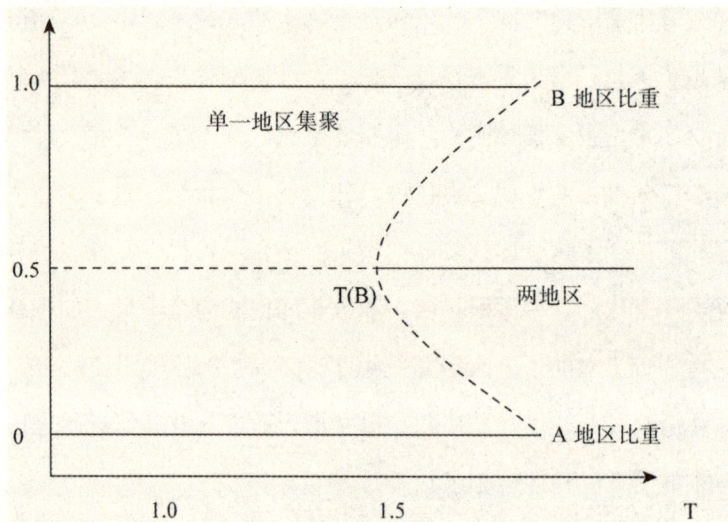

附图 贸易成本效应图示

说明：图中横坐标代表贸易成本，纵坐标代表某个产业两地区产出比重。从坐标图最右面开始，贸易成本很高的时候，即 T 右边区间，产业在两个地区均匀分布；当贸易成本降到 T 之下时（T 左面），该产业会移往一个地区，比如地区 B。

（本文 2013 年 1 月 16 日写于福州—杭州高铁旅行中，原载《中国社会科学报》2013 年 3 月 4 日 A06 版）

集聚与扩散的微观动因

　　企业具有扎堆相邻而居的倾向，这种倾向导致集聚，集聚能使企业分享到集聚经济的利益，这种利益反过来又引诱着更多企业青睐那个地区，强化着那个地区的集聚，如此形成一种"累积循环"的态势。这是空间经济学对于集聚现象的逻辑提炼。理论上，空间经济学大家将集聚纳入新古典经济学之一般均衡框架下，按照空间均衡的思维定式推断并提出模型进行理论刻画。理论基于两对"关键词"：一对是"集聚"与"扩散"，另一对是"离心力"与"向心力"。集聚已经清楚了，就是企业扎堆或经济活动的空间集中，扩散则是它的对立面，就是原有集聚区企业与产业外迁。物极必反导致集聚，物极必反亦导致扩散。就一个特定集聚区来看，同时存在了两种对立的力量，分别为向心力和离心力。

　　何为向心力？就是诱使经济活动扎堆并形成"滚雪球效应"的力量。克鲁格曼归纳了三种向心力，分别为"产业关联"、"厚的劳动市场"和"纯外部性"。任何企业所在的行业并非孤立存在的，而是对上下游行业的企业存在依赖关系。大产业来看，其上游是原材料供应行业，下游是紧贴产品市场的销售业，企业选址必须考虑其中的某个因素。劳动市场厚薄以同类技术工人集聚多寡为转移，一个地域同一类技术工人集聚越多，那个行业的企业越是容易招到合格人手，工人越是愿意去那类区域找机会，那个地区的劳动市场就厚些。至于纯外部性，则是对于相邻而居的企业正的"邻居效应"的概括。最重要的纯外部性，要数知识外溢，一家企业的创新可以经职工的交往或跳槽换岗而扩散到别的企业。

何为离心力？就是那些迫使企业从已有集聚区外迁他就的因素。离心力主要源自三个因素的强化：第一个是不可移动要素的过度负载。企业过多，道路、桥梁、码头等基础设施拥挤不堪，水源等不可移动的要素紧缺，其成本便会大涨。第二个是土地租金。经济活动过密，土地供求失衡，地价、地租飞涨，房价、房租腾升，别的物价也会跟着涨，工人都不堪其负，加薪要求陡增。企业加薪压力超负，吞噬了集聚经济带来的额外利益。第三个是纯外部不经济。同一地域同类企业过多，彼此竞争趋于激烈，投入一边争原料、争技术工人和管理人才，竞相提价。而产出一边的产品则竞相杀价。克鲁格曼把这称作"拥挤成本"。长此下去，位于那个地域的许多企业没了赚头，不得不考虑迁往他处。

这些多半属于理论推断，少半基于西方成熟市场经济现实。与中国现实相去甚远。如若仔细观察中国一些产业集聚区的形成和衰败，便会发现这中间政府因素出奇地大，无形的制度与政策因素发挥着超常规的作用。而政府、制度与政策因素全看地方政府怎么做。这方面的案例可以随手抓来，浙江就有现成的案例。较大的区域案例如义乌和温州。其中义乌以小商品市场为中心的产业集聚，每一步都打上了政府参与及干预的强烈烙印。从20世纪70年代末认可妇女摆地摊的"草帽市场"到后来国际小商品城的建设与多次扩展，再到向高层"请命"国际贸易综合改革，都是政府打头阵。政府主动出击，扫清制度与政策障碍，无异于增加区域产业向心力。反观温州，产业发展与集聚的每个关节点，政府却缺位了，企业处处碰壁，直到闹出大动静惊动高层，才顺势讨要点政策。从早期按照上面僵化的政策打击私营经济的"八大王事件"到最近的民企老板"跑路潮"，都能看到这种政府缺位的影子。小的区域案例是地方政府瞎作为的搬迁和规划，把业已形成的集聚破坏了，而自作聪明规划的集聚不被商户看好。浪费了昂贵的资源。这方面杭州两个案例最典型：一个是早年西溪路的女性服饰一条街，愣给街道政府的拆迁拆散了；另一个是政府规划的信义坊时装旅游一条街，迄今缺乏人气。

数年前笔者在国外讲学时提出这样一种看法：新经济地理学有个暗含的假定条件，这便是无政府的自由市场假设，不指望政府做什么。这个假说不适合中国，在中国，地方政府的不作为或乱作为，在区域集聚中扮演着成也萧何败萧何的作用。地方政府行为的此种差异，引出的结果也各异。

（本文 2013 年 1 月 16 日写于福州—杭州高铁旅行中，1 月 31 日修改于杭州；原载《中国社会科学报》2013 年 1 月 14 日 A06 版）

集聚类型与工资：变化的视角

我们已经知道，产业集聚是空间经济学的核心命题，空间经济学家们眼中的产业集聚有两种基本类型：一种是同一类产业之同类企业的群居。比如汽车厂相邻而设，形成汽车制造中心。美国底特律作为全球"汽车之都"的形成与扩展就是最好的案例。制鞋厂或制衣厂扎堆而设，形成所谓"鞋都"、"服装业基地"，浙江就有许多此类单一产业集聚区，著名的如号称"领带之都"的嵊州、"小五金之都"的永康，以及袜业重镇的诸暨大唐镇等。而广东顺德则以家电业独大，号称中国"家电之都"。另一种是不同产业之异类企业的杂居。一个有限的区域，多产业企业相邻而居，这些企业之间虽然分属不同的行业或产业，但彼此间却通过产业链存在直接或间接的依赖关系。这方面现代制造业都市最为典型。在此类都市，不仅分属不同行业彼此存在上下游产业链条联系的企业倾向于相邻而居，而且那些为企业各类活动及人员日常生活提供服务的部门和企业也会"跟进"，形成一类企业扎堆杂居现象。

关于这两种不同类型的产业集聚现象的观察，和空间经济学一些大的想法一样，也可追溯到经济学大师马歇尔那里。马歇尔在产业地方化命题下不仅分出了这两种不同类型的产业集聚——他称作"集中",而且还提出了一个重要的猜想。他认为那些单一产业集聚区,尤其是对工人性别具有特定偏好的集聚区,比之那些多产业集聚的区域,工资当更高些:"在地方性工业中所做的工作,如果主要只有一种,例如只有强壮的男子才能做的工作,则它在作为劳动的市场方面就有一些不利之处了。在没有纺织厂或其他可以雇佣女工与童工的炼铁业区域,工资是高的,对于雇主来说劳动成本是贵的。"他推断,若在矿山或钢铁厂附近设立纺织厂,实现"职业多样化",可以降低工资。由此意味着企业杂居区域的工资比之群居区域的工资来要低些。

后来的空间经济学研究者给这两种集聚现象以专业的界定,把企业群居式集聚称作"专业化"或者"地方化",把企业杂居式集聚称作"多样化"或者"城市化"。大量实证研究,都似乎难以证明马歇尔的那个猜想,即产业专业化或地方化比之产业多样化或者城市化更有利于工人提高工资。大量现实经验多半表明,多产业杂居的城市工资往往高于单一产业集聚的产业区。一般的倾向是,城市越大产业多样化越强,劳动者的工资越是高!

难道马歇尔的猜想错了?不是的。在我看来,这反映了经济学家们观察问题视角的变化。马歇尔是从劳动市场视角切入提出猜想的,其推断带有明显的李嘉图"工资铁律"说的烙印,按照这个"铁律",工人实际工资由维持其本人及家庭成员最低生活水平的实物费用决定。可以设想,在单一产业集聚区,不能实现家庭成员的充分就业,少数家庭成员就业自然要求较高的工资。当代空间经济学研究改变了这个视点,沿着集聚外部性—劳动生产率—工资链条关系视野切入。这基于新古典经济学基本认识,即认为工资是由劳动的边际产出因而劳动生产率决定的。这一视点引出一个空间经济学实证研究长盛不衰的命题,这便是集聚外部性。空间经济学研究业已揭示,几乎所有的集聚经济,甚至集聚不经济,都可以归入集聚外部性范畴。已有研究多半证明,特定情形下,产业多样化集聚或城市化集聚比之专业化或地方化集聚的正外部性更广，劳动生产率增加效应更强，故而都市区工资大多高于传统意义的单一产业区。

（本文 2013 年 2 月 25 日草于新加坡，3 月 3 日改于杭州，原载《中国社会科学报》2013 年 4 月 8 日 A06 版）

区位与集聚：理论与现实

作为一种学术研究，空间经济学有两个主干命题，且这两个命题彼此紧密关联：一个是经济活动的区位选择，其核心问题是特定经济活动在特点地域的形成；另一个是集聚，其核心问题是特定经济活动或企业扎堆的原因与机理。前一个命题引出区位理论，后一个命题引出核心—外围理论，后者又称"集聚经济学"，这块是新经济地理学辟出的，也是其理论建模的重中之重。所谓集聚，说白了就是企业扎堆现象。这是个普遍现象。

前已论及，企业扎堆有许多好处，空间经济学把扎堆的利益称作"空间外部性"。要理解这种外部性，想想那些古老的特色街的形成吧！比如饭馆一条街之类。可以设想，在没有政府或投资者有意识开发安排的情形下，饭馆一条街多半是这样形成的：有人偶然在那儿开了家餐馆，人气特好。好的原因是其饭菜和服务俱佳，去过的食客都说好。于是一传十十传百，慕名食客越来越多。食客一多，吃饭时间自然拥挤，自然要排队等候。食客中或餐馆厨师中恰好有位有心人，也想开个饭馆什么的。留意到这种情形，于是投资在那家饭馆旁边开了家饭馆。那他算是找到了极佳的区位。在那家名气渐长的饭馆旁边开饭馆，成功的概率很高，因为有许多因素促其成功：首先是顾客不用发愁。由于第一家成功饭馆的名气，那里已经形成了不断增长的顾客群。可以设想他的饭馆开张第一天，有食客原本是慕名去那家有名的餐馆的，但那儿需要排队，自己又没多少时间和耐心，发现旁边有家新开的餐馆，想着这次就将就一下。于是去了那家新开的餐馆，吃了感觉也不错。于是一传十传百，后来的顾客在两家餐馆间选择几乎无差异。对于第二家餐馆而言，这在空间经济学上叫做贴近市场。其次，那家餐馆最容易获得知识外溢的好处。它可以向第一家餐馆学习。简便的办法是直接从第一家餐馆招募员工，那些员工会把现成的知识带来。第二家饭馆的成功一定会吸引别的人模仿。结果一家家饭馆开了出来。

当那条街有多家饭馆的时候，许多集聚的利益接踵而至——"厚的劳动市场"，无论厨师还是服务员，都倾向于去那里找工作，企业容易找到合适的员工；批量采购的讨价还价优势。厨房设备和店堂用品供应商，乐意给那条街的餐馆好价格。因为他清楚，他的产品在那里若打进一家餐馆，就有希望打进别的所有餐馆，就可以以批发方式成交。还有，鱼虾肉类乃至调料等餐馆投入品供应商也会进行专业化供应，以批发价给那条街供货。这样，那条饭馆特色一条街的成功就是注定了，且有某种"可持续"的倾向。据说北京就有一条专卖小龙虾的特色街区，那里有商贩每日从江苏运往那条街的小龙虾以吨计数！

理论上说，我这里讲的集聚的例子，属于马歇尔研究的那类，同一类经济活动的集聚或专业化集聚。阿罗、罗默分别从不同角度对这种集聚的外部性做了探讨，被称作"MAR外部性"。管理学家迈克尔·波特以竞争的视野考察了这种集聚的利益，被称作"波特外部性"。与这种集聚相对应的是另一种集聚，即企业杂居，又称多样化或城市化集聚。区域与城市经济学家雅各布斯仔细考察过这种集聚的利益，被称作"雅各布斯外部性"。

群居式集聚外部性利益暂时撇开不说，基于个人亲眼所见和审慎的分析，我以为杂居抑或多样化集聚的外部性不单单取决于企业扎堆，而且还和企业集聚的匹配有关。所谓企业匹配，说白了就是什么样企业和什么样企业匹配最好。数十年前浙大西溪校区前面有条著名的女装一条街。凡是此类特色街，饭馆是少不了的，但有趣的是，那条街办一家饭馆死一家。多则一年，少则三五个月，保准关门大吉。什么原因？我的观察和思考得出结论，是饭馆档次和服装主顾档次差距太大，不怎么匹配。说到区位选择和集聚企业的匹配，实际上已经扯到空间经济学新近辟出的一个命题，这个命题研究的焦点是匹配问题。2011年春我在浙江大学做东，邀请了多位空间经济学名家做讲座，其中牛津大学维纳布尔斯讲的一个主题，就是要素与经济活动空间上的匹配问题。这个问题很有趣，可以解释许多集聚经济和不经济现象。

（本文2013年3月27日晨写于杭州阳光地带寓所，
原载《中国社会科学报》2013年7月5日20A07版）

空间与区位匹配问题

空间经济学上看，前面讲过的老杭大对面西溪路那条女装一条街餐馆屡办屡败的缘由，是个匹配问题。值得指出的是，这并非餐馆与女装生意两个产业之间的匹配问题，而是两类企业档次的匹配问题。说明白点，餐馆档次略嫌高了些，而那条女装一条街的服装摊店档次略低了些。故而发生了不匹配问题，恰是集聚企业间档次的不匹配，导致了餐馆的屡办屡破。这里的缘由，因而不匹配的表现及其发挥作用的机理，可做如是推断：那条女装街面对的顾客，多半是女大学生，摆摊卖服装者，多半系喝市场经济"头口水"的下岗职工。可想而知，这类人群的消费需求档次能有多高？20 世纪 90 年代的中国家庭，大多数还在温饱门槛挣扎，离小康差得很远，供个大学生读书不易，学生大多经济拮据，囊中羞涩，买时尚服饰价廉物美是第一考虑。为买新衣省吃俭用也是常有的事。她们逛街，吃饭尽量得省着点，光顾饭馆的人自然寥寥。至于在那条街上开服装摊位的主儿，多数系下岗职工或刚进城农民工，生意刚起步，忙乎半日挣不了几个子儿，既无暇也舍不得去略微高档点儿的饭馆用餐。此外，此类生意都很小，摊主以自食其力的女士居多，也没什么应酬打点的事儿，没必要请人吃饭。就是说那里的顾客、雇主大多都不会去饭馆吃饭的。在那里开有点档次的饭馆，不关门才怪呢！

我曾借着吃饭和一家餐馆的老板聊过，建议其改开快餐店。后来发现，那条街上卖盒饭的快餐店生意不错。显而易见，和那条街上那种档次的服饰摊点相匹配的，是低档次的快餐店。而中规中矩的饭店，若从开餐馆者角度来看，是选错了区位。由此可见区位选择关乎企业成败。

进一步地看，我这里所说的匹配问题，是不同经济活动者档次的匹配问题。除了这种匹配而外，还有另一重意义的区位匹配，即要素的匹配。"好马佩好鞍"是个习语，经济学上看，这样搭配不单单会显得有派头，而且还是有效率的，能提高其间所涉及的经济人的收益。2011年春，牛津大学维纳布尔斯教授在我主持的一档讲座上，所讲的一个主题，就是这个意义的匹配问题，具体说是劳动市场的匹配问题。

论题是这样提出的：何以年轻人都想去大都市？常见的现象是，伦敦、纽约和上海等大都市人口多，生活节奏快，工作压力大。但何以那些有本事的人尤其是专业人员都青睐那里？经济学上看，这类人在那些城市找到和自己水平能力相当的合作者的概率较高，产出效率高，本身的价值就大，收益也大。他们创造的价值及自身收入，大于在那儿的生活成本，因而能够待在那儿——有能力待在那儿。可以把劳动力分为两类：高素质者和低素质者。正常情形下，若两个高素质者搭配，效率因而产出最高；一个高素质者和一个低素质者搭配，效率或产出其次；两个低素质者搭配，效率最低。大都市教育科技发达，职业培训机构林立，高素质的劳动者自然多于中小城市，一个高素质的人待在那儿容易找到和自己素养相当的合作者。在中小城市和偏远地区，一名高素质的劳动力找到同样素养合作者的概率要小些，他不得不和低素质劳动力搭配，其效率或产出自然低些。不仅如此，若动态地看这种搭配对于劳动者素质的反向影响，便不难推断，前述第一种搭配，即高素质的劳动者与同样素质的劳动者搭配合作，彼此都能从对方那里学到较多新知识，因而获得的知识外溢最多。第二种搭配，即一名高素质者和一名低素质者搭配，前者得到的知识外溢很少。第三种情形即两个低素质者搭配，彼此知识溢出最低。按此推断，就个人选择而言，一个受过良好教育的人待在大都市看来是最合算的。既有利于最大限度地提升所在城市的生产率，也有利于自身素质的提升。故而年轻有为的人倾向于去大城市，大城市越来越大，效率越来越高，都市化是个大势。

当然这是理论，和现实世界有差距。现实世界尤其是中国现实，有种制度安排和意识，即"官本位"制度安排加"宁做鸡头不为牛后"的意识，硕士生、博士生毕业后去偏远地区，提拔的概率高，"90后"市长、局长现象使那些在大都市研究所和企业苦干的年轻人多半有种失落感！

（本文 2013 年 3 月 28 日晨草于杭州，原载《中国社会科学报》2013 年 5 月 20 日 A06 版）

集聚与集群：同一现象的两个视野

论及产业地理上的集中现象，两个专业术语难以回避：一个是集群（cluster），另一个是集聚（agglomeration）。许多研究者——包括克鲁格曼等经济学大家都将这两个词等同起来，甚至混用。然而这多半有些误导，因为这两个术语原本代表着不同的学术视野，源自不同的分析框架。

产业集群是个管理学概念，由管理学家（或者战略理论家）迈克尔·波特提出，原本置于他所提出的著名的竞争优势理论框架之下。竞争优势理论的高度提炼即所谓"钻石模型"，该模型是波特对其所理出的决定一国特定产业竞争优势的四个关键条件的一种综合。四个条件分别为需求条件、要素条件、支持性产业条件和企业战略及同行竞争状况。他把这四个条件作为菱型的四个角，再用线条把它们彼此间的互动关系勾勒出来，宛若一颗钻石。在这个"钻石"中，产业集群是个"二级因素"。上面的"一级因素"则是构成"钻石"一角的"支持性产业条件"。波特认为，支持性产业的形成与发展的一个重要因素是集群，即彼此关联的行业的集中。由于集群，彼此关联产业之企业的合作与竞争，会产生一种正的效应，被称作"集群效应"。恰是这种效应，直接或间接地强化着特定产业的竞争力。波特理出了集群效应发挥的三种形式，分别为：（1）通过增加集群中企业的生产率，（2）通过集群地域创新，以及（3）通过刺激地区新产业的产生。这种效应也被波特纳入竞争优势论中。按照这个理论，比较优势基于特定区位之特定要素禀赋，而竞争优势则不完全受本地要素禀赋的限制，多半取决于企业能否审时度势，生产性地利用各种投入方式，进行持续不断的创新，关联产业集群则是企业创新的一只有力推手。

产业集聚是个较为古老的经济学概念，最早由经济学大师阿尔弗雷德·马歇尔提出，是对特定产业在特定地域集中现象的一种概括性描述。克鲁格曼将其引入新经济地理学框架下，进而提出核心—外围模型。这个模型总揽特定产业的空间分布，把其密集集中或集聚的地域称作核心，而将其余地域称作外围。这样分的缘由和主旨，盖在于按照主流经济学框架刻画产业空间分布的均衡，进而引出效率涵义。我们知道，当代西方主流经济学的一大范式，就是均衡分析。一般的推论是，均衡最有效率，不均衡则意味着资源空间配置的扭曲因而低效率。新经济地理学视野下也有个地理集中效应，称作集聚经济（economies of agglomeration）。这是对集聚生产率增进效应的一种概括。当代空间经济学家提炼出了三种形式的集聚经济：其一是知识外溢，源自扎堆而设的企业技术知识可通过不同企业员工间的交流传播；其二是分享的劳动市场，同一类技术工人汇聚于特定地域，企业容易找到需要的人手；其三是分摊的基础设施成本，这一点不说自明。

进一步看下去，集群与集聚两个术语所代表的理论对于地域因素强调程度不同。"钻石模型"总览四个因素综合促成的竞争力，多半淡化了地域因素。波特甚至怀疑区域是否是形成竞争优势的最佳单位，而倾向于一种"有国家无区域"的框架。认为特定产业竞争力须借助一国之力而非一国内部特定地区形成与凝聚。因为他谈的集群是"支持性产业"形成的因素，而支持性产业与别的三个条件，只有置于一国范围才有意义。比如与支持性产业条件并列的需求条件，首先强调的是一国市场而非区域市场。他举的日本传真机及复印机行业的案例，就置于整个日本市场情景下，而淡化了特定地域范畴。

与钻石模型不同，克鲁格曼核心—外围模型本质上属于一种"有区域无国家"框架。这个框架下国家显得可有可无，但区域很重要。这方面最夸张的设想是：全世界的金融业，核心由纽约、伦敦和法兰克福分享，其余地区皆系"外围"！

值得说明的是，我这样较真，本意并非想"叫停"这两个术语的混用。我想要说的是，作为专业研究者，在混用这两个词的时候，务必先搞清楚你在哪个框架下，是管理学的无有均衡的框架，还是经济学之均衡框架？

（本文 2013 年 5 月 31 日晨草于北京清华园宾馆，6 月 4 日晨改于杭州阳光地带寓所）

"一体化"与"集聚"：中国式"混搭"悖论

近年围绕中国区域经济的大量研究文献或官方文件，屡屡将两个经济学术语"混搭"在了一起：一个是"区域经济一体化"，另一个是"产业集聚"。理论上来看，这两个术语分属国际经济学和空间经济学两个不同的经济学分支学科，原本严格有别，然而在"中国情景"下却给"混搭"在了一起，这一点值得关注。

"泛一体化"论与普遍的"混搭"提法

两个术语的"混搭"多半源自"区域一体化"术语在"中国情景"的"越界"。这个原本指国与国之间经济整合的术语到了中国情景下，就给套用在了国内地区间经济关系上。这方面的始作俑者多是学界，但到了政府那里，则给放大且予以泛化了，乃至如今有了各种各样一体化的提法与机制。这中间最有影响的，一个是大陆和台湾、香港、澳门地区之间的经济整合，另一个是大陆省际层面的经济整合。此外还有大陆各个层次大小不一的区域经济"一体化"的提法。最著名的要数"9＋2"范畴的"泛珠三角经济一体化"、江—浙—沪范畴的"长三角经济一体化"，以及"环渤海经济一体化"等。近年来这一术语的使用与相应的研究越来越广，颇有"泛一体化"的趋向。除了相邻省市域经济外，同一省乃至同一地级市下的一些临近的县域政府，也在大谈"一体化"。如在浙江金华，就有"义乌—东阳经济一体化"之议，在宁波则有"余姚—慈溪一体化"之说。

与此同时，几乎所有论及区域经济一体化的文献，都难以回避"产业集聚"这个术语。产业集聚是个地道的空间经济学术语，原本基于有区域无国家的空间框架。最早为经济理论研究者所引入，而今也为政府部门所青睐。其中研究者关注最多的是中国制造业空间集聚现象，而地方政府决策层的关注，则随着沿海与内陆一些产业集聚区的崛起而与时俱增。尤其是这些产业集聚区给所在地区带来的经济利益的凸显。地方政府年度规划尤其是五年规划，"产业集聚"、"产业集群"的提法当最多。其中，一些省市的"十二五"规划，大多都将打造"现代产业集群"作为未来五年规划的重要着力点之一，由此形成了两个术语的混搭现象。

"混搭"的学科悖论

若沿着"经济一体化"与"产业集聚"这两个术语后面的学科追溯下去，便不难发现二者的巨大差异。

首先是各自的学科界定。关于一体化经济学之关键词"经济一体化"，权威的解释（如 Alan Deardorff）有三个明确的界定：（1）消除国别市场间的壁垒，以形成一个跨越边境的单一市场；（2）任何贸易安排，加上许多别的努力，旨在实现跨越边境的政策、规则和管制的一致性；（3）任何情形下，FTA（自由贸易协定）都占据核心地位。

关于集聚经济学所属的新经济地理学，权威的界定（如 Fujita & Mori）曾鉴别出了四个"关键词":(1)一般均衡模型,旨在于分析经济活动的空间均衡;(2)收益递增,亦即在新古典经济学框架下引入收益递增,因而强调了单个厂商或企业层次的不可分割性;(3)运输成本,亦即广义上的贸易成本;(4)生产要素与消费者的区位移动性。

其次是这两个术语引出的经济学分支差异。两个分支聚焦的经济现象维度明显有别:一个聚焦于宏观层面,一个聚焦于微观层面。具体而言,一体化经济学聚焦的问题多半属于宏观经济问题。消除经济体之间的贸易壁垒因而建立自由贸易区也好,消除不同经济体之间的要素流动障碍实现要素市场一体化也好,多半都属于宏观经济学议题,由此引出的"贸易转移"、"贸易创造"等变量,无一例外地也属于宏观经济变量。与此不同,集聚经济学所聚焦的经济现象与问题,多半属于微观经济问题。最著名的例子就是迪克西特—斯蒂格利茨模型,在这个被保罗·克鲁格曼称作新经济地理学"百宝箱"式的模型中,最关键的变量劳动要素和消费需求(效用),都是由单个个体叠加的。而在经济集聚中,最能动的因素则是集要素供给与需求或效用于一身的单个决策者。

再次是两个术语引出的学科对于政府与市场作用看法的巨大差异。一体化经济学暗含着一个"强政府"甚至"万能政府"的假定。无论是建立关税同盟还是自由贸易区,无论是商品市场一体化还是要素市场一体化,都需要政府迈出第一步,需要政府先行谈判,达成协定。而整个一体化进程亦即协定的落实变现,也需要政府去督促、去创造条件。政府行动无疑构成了一体化的先决条件。与此不同,集聚经济学与新经济地理学则暗含着"市场万能"的假定,政府的作用仅仅在于影响贸易成本。按照新经济地理学之中心—外围模型推论,集聚是自然现象,与人以及人格化的企业追求最大化(利益)或最小化(成本)的天性相吻合,任何政府要想以最小的代价求得最大的集聚增长利益,必须顺应集聚的自然规律。

"混搭"引出的问题

一言以蔽之，两个学科的差异，一个暗含了强政府的假定，另一个则暗含着近乎"无政府"的假定。这并非在于研究者与学科的偏见，而源自经济学分析本身的简化与抽象的特性。按照这种特性，为了强调一种因素的重要，而假定别的因素无足轻重。

理论上来看，"区域一体化"与"产业集聚"这两个术语源自两个不同的经济学分支学科，所聚焦的论题虽有联系但明确有别。一个是一体化经济学，所聚焦的核心命题是相邻经济体的整合，主要是国与国之间经济的整合，因此被权威研究者定义为"一个过程，包含着旨在消除不同国家经济单位之间的歧视"。由此在学科分类上被明确地归入国际经济学项下。另一个是集聚经济学，所关注的核心命题是经济活动的空间均衡因而有效率。这个经济学分支系是由藤田昌久和雅克·蒂斯（他们合著有《集聚经济学》）按照新经济地理学的范式辟出的，在学科上属于新经济地理学。

这里的问题是，何以两个明确有别的学科，到了中国就给混搭在了一起？

（本文部分原载《中国社会科学报》2011 年 4 月 7 日第 177 期 9 版）

"一体化"与"集聚":
中国式学术"混搭"的逻辑

翻阅国外研究文献亦不难发现,论及经济一体化,几乎全部指国与国之间的经济关系,鲜有涉及一国内部区域经济关系的。而论及经济集聚,尤其是大量的实证研究,则主要聚焦于同一国家内部不同区域之间的关系。两个分支彼此有别。然而在"中国情景"下,这两个原本分属不同经济学分支的"关键词",屡屡给"混搭"在了一起。考虑到"经济一体化"与"产业集聚"巨大而明显的差异,这两个不同的经济学分支在中国的"混搭",无疑可视为一种"悖论"。这究竟是一种误导,还是合乎逻辑的拓展?值得理论研究者予以解释。

"混搭"的现实基础

两个分属国际经济学和空间经济学的分支学科,在研究中国国内区域与空间问题时给"混搭"在了一起,或许会使人联想到曼昆曾经说过的一些话。他在谈到经济学家们之所以意见不一时,给出了三个缘由,其中一个是"搅局说"——

一些不懂装懂的家伙在"搅局"，犹如假医生给人开"打鸡血"的处方那样。然而这一次却不能这样去看问题。将两个原本聚焦国际与区际问题的经济学分支"混搭"在一起，虽然在西方主流经济学那里鲜见，但至少可视为一种实用主义的经济学拓展。在这种拓展后面，有着坚实的现实基础，最大的现实就是特有的"中国情景"。

首先，中国区域构架的多科层特点，在多个科层上，区际经济关系与"准"国际经济关系搅在一起。作为一个大国，"区域经济"在"中国情景"下具有多科层特征，可分出六七个层次的"区域经济"：（1）大陆及台湾、香港、澳门地区；（2）大陆经济之下的"三大地区"；（3）大区域之下的跨省经济区（如沿海地区的三大工业化地带）；（4）省际经济区（如长三角内部两省一市和环渤海之京—津—冀）；（5）省域经济，中国每个省（直辖市、自治区）每一个都是个不小的经济区；（6）跨县经济区；（7）县域经济。

七个层次的区域划分中，第（1）层面的"区域经济"关系，带有明确的"准"国际经济联系的特点自不待说，即使珠三角——从大珠三角到"泛珠三角"的区域经济关系，只要涉及港—澳两个单独关税区，无疑也会带出"准"国际经济关系特征。研究此类区域经济间的整合与产业集聚，两个经济学分支的"混搭"无形中增加了理论的实用性。

其次，作为转型经济体的特性使然。计划经济时期导致了大陆各个层次行政区之间的分割，以往30多年经济转型的一个最大议题便是推动原有彼此分割的行政区之间市场的整合，包括了产品市场与要素市场的整合。实际上，以往30多年间中国产业集聚的重要前提与基础，是跨区域市场的重建与整合。客观地来看，单是打破地区之间的彼此隔离与封锁，就耗费了政府大量精力。对于诸如此类的"中国情景"，离开一体化经济学，当很难找到替代工具借以做出合乎逻辑的解释。

再次，政府参与干预经济与市场的现实。体制转型的早期历史情景自不待说，即便就最近的情景而言，从三大地区到县域经济，各个层次的"区域经济"之间的整合，从要素市场整合到基础设施接轨，都离不开相应层次政府的介入。事实上在许多情形下，政府间互动同样构成了区域经济整合的前提条件。

诸如此类的原因引出的重要现象是，中国内部区域间政府的互动，带有欧盟或东盟框架下成员间互动的影子，许多跨区域经济整合或合作议题，由省市政府双边及多边议或领导人声明发起乃至定调。这方面当首推"泛珠三角区域合作"框架。这个框架自2003年发起迄今，已搞过七次地区领导人论坛，发过数个"区域合作宣言"。其次要数长三角两省一市的经济合作了。江浙沪之间的合作与"一体化"动议，也由两省一市领导人会谈形成的框架协议辟出。

"中国情景"：改变经济学本身

既然现实的"中国情景"为一体化经济学在国内区域间经济联系上辟出了足够的空间，将其从国际视野移至国内区际视野便是顺理成章的了。同样地，既然产业集聚是个无处不有的现实，唯有集聚才能促成空间上的规模经济，造就收益递增之源。那么认识现实也好，借以提出区域经济发展战略也好，集聚经济学与新经济地理学无疑是个不错的工具。总起来看，既然现实的"中国情景"是两种现象的共生，那么将两个经济学分析框架下的术语与方法"混搭"起来，显然不失为一种明智的选择。

客观地来看，中国独特的转型发展与经济的迅速崛起，不仅在改变着世界经济已有格局，而且还在改变着经济学本身。这里重要的原因在于，现代经济理论几乎全部基于经济现实而生，已有西方"主流理论"多半基于成熟市场经济以往的现实提出，中国的现实则与此大为不同，由于这种不同，任何西方经济理论遭遇"中国情景"时，都得做或大或小的修改。在我看来，一体化经济学与集聚经济学或新经济地理学在"中国情景"的"混搭"，当属一例。

（本文部分原载《中国社会科学报》2011 年 4 月 7 日第 177 期 9 版）

集聚的威力

　　经济集聚是新经济地理学揭示的一个普遍现象，"恰如太阳系物质聚为行星与卫星那样，经济生活也像卫星与行星那样集聚于有限的地域，呈核心和外围格局……"这是新经济地理学的主要开拓者——日本的藤田昌久教授和比利时的雅克·蒂斯合著的《集聚经济学》一书的"开场白"。他们写道：日本经济的"内核"有三个，分别为关东的东京—神奈川都市区、关西的大阪—兵库一代，以及中部的爱知县到名古屋一带。这三大经济"内核"仅占日本国土面积的5％多点，但却集聚了全国人口的33％、GDP 的40％，以及制造业就业人口的三分之一左右。类似地，在欧陆之法兰西，占全国土地面积2.2％的"大巴黎"都市区，却集中了全国近1/5 的人口和30％以上的 GDP。即使在大巴黎区域内部，经济也并非均匀分布开来的，只有12％的土地被用于住宅、道路与非农产业的建设，其余土地则为农地或生态用地。

　　进一步地，若沿着这个经济学分支学科的视野看出去，则不仅日本、法国这样的单个工业化经济体，而且从世界经济到大的跨国界区域经济，都呈现"核心"与"外围"的明确分野。其中"核心"居于主宰地位，外围则处在受"核心"支配的地位，对整体经济的影响极其有限。

我以为，新经济地理学的这个核心—外围视野，可用来解释"后危机"以来世界经济的一些"不可思议"现象。所有不可思议的现象中，两个最值得一提：一个是全球第一大经济体美国，尽管赤字累累且还在增加，政府财政赤字及债务/GDP比重双双创了和平时期的纪录，比之发生主权国债务危机的欧盟国家来好不了多少，但迄今尚未有发生债务危机的迹象，财经预测家们喊了一年多的"债务炸弹"，迄今未见。另一个是欧元区主权国债务危机。从早先的希腊到前不久的爱尔兰危机，一度引发西班牙、葡萄牙等国恐慌和欧元汇率的震荡。面对危机，欧盟与欧元区一大半成员国政府都推出了或大或小的紧缩政策，纷纷收紧预算。按常理推断，在经济尚未完全走出金融危机衰退阴影的背景下，紧缩型财政政策势必会导致经济"二次探底"。然而结果是，岁末年初的核心经济数据显示，欧元区与欧盟经济复苏势头依然在强化，预料中的"二次探底"降临的概率不大！

无论以"前危机期"西方经济多年的经历为参照，还是按照宏观经济学"主流理论"的推断，一个经济体经济遭遇上述麻烦，多半是难以继续"玩下去"的，然而现实的情形是，这两大经济体迄今的表现，尤其是商业信心，好过多数财经分析家们的预期！这一点的确有些令常人"看不懂"！

我以为，要看懂这些"不可思议"的现象，集聚经济之核心—外围框架无疑是个好的视野。按照这个经济学分支的视野来看，世界经济原本有三大内核，分别为美国、欧盟和东亚的日本。此次危机之前的 2007 年，这三大内核加总的经济总量（GDP），就占了全球份额的 65% 以上，是全球经济的真正主宰者。金融危机与"后危机"以来，美国、欧盟两个"内核"相对比重有所下降，东亚"内核"因中国因素而发生了微妙的变化，在原先的日本之外加进中、韩，由此形成了中—日—韩"共享"的内核。客观地来分析，从"前危机"到"后危机"期，世界经济这三大内核的功能各异：美国是全球经济的超级金融与研发内核，对于金融资产向心引力大于制造业；欧盟兼具金融与制造内核地位，但金融业集聚引力略逊于美国；东亚中—日—韩"分享"的内核，制造业集聚的向心力远大于金融。进而，沿着这个视野看下去，三大内核属于三块不同的"高地"：美国是个超级"金融高地"；欧盟是个制造与金融兼具的"次高地"；中—日—韩则构成一个松散的制造业高地。

客观地来看，在全球经济上述三大"内核"的互动中，东亚制造业集聚所赚收益一旦沉淀为金融资产，多半便会流向"全球金融内核"，主要是美国。由于这个缘由，东亚巨额的贸易盈余构成了最重要的金融资产流。由于金融集聚，美国政府发行再多的债券，也会有人去认购。美联储发行再多的美元钞票，也不会立马引发美元贬值！

沿着同样的视野来看欧盟—欧元区经济，也不难发现一个明确的核心—外围分野框架。其中卢—比—荷与法—德一线是欧盟经济的"内核"，其中德国经济则是"内核中的内核"。在这种核心—外围分野下，从希腊到爱尔兰债务危机，仅仅加剧了欧盟原有核心—外围的分野，强化了核心成员的经济实力。在这个框架下，外围成员债务危机招致的损失，实际上变成了内核国家的额外收益。这方面的例子简直可以随手抓来，其中最引人注目是，在希腊与爱尔兰等外围国家闹腾债务危机，债券利率因政府融资成本急升的同时，我们看到的是德国政府债券利率的下降因而融资成本的下降。而欧元贬值则促成德国出口与外贸盈余的大增。由于德国经济在欧元区具有主宰地位，因此外围国家再闹腾，只要德国经济等核心经济稳定，欧元区经济就不会太糟！

（本文原载《浙江经济》2011 年第 2 期）

换个视野看经济开放效应

"区域经济二重开放"论是我最先提出的，近年我所指导的部分博士论文也沿袭了这个提法，但答辩中每每有同行质疑，说如此重要的一个命题，何以西方经济学竟然未曾触及？借着新近一本书①的出版写了篇自序，其中就这个问题做了简略的回答。恰逢《中国社会科学报》约稿，投给该报，但仅采用了一小部分，这里是该报较为完整的内容。

《中国区域经济开放：制度转型与经济增长效应》一书，汇集了我所提出并主持的一个系列研究之第二阶段工作的部分成果。该系列研究的主题是"中国区域经济开放"。早先的研究与感悟形成的文字积累业已汇入一本书中，书名就叫《中国区域经济开放：模式与趋势》（经济科学出版社 2005 年版）。从书名即可想到，那部书侧重于区域经济开放模式的考察，说得具体点，就是从区域经济层面切入，考察了经济转型以来中国大陆主要地区经济的开放进程，以跨时与跨国比较的方式鉴别出了一些基本的路径模式，并提炼了相应的特征，分析了区域经济

---

① 参赵伟：《中国区域经济开放：制度转型与经济增长效应》，经济科学出版社 2011 年版。

开放之"中国模式"形成的原因,并对其下一步发展趋势做了一些前瞻性推断。本书仍以"区域经济开放"为主题,但将考察的重心移往经济开放的效应上。同样地,由书名即可想到,本书所要聚焦的区域经济开放效应主要有两个:一个是制度转型,另一个是经济增长。

经济开放、制度转型与增长,乍一看都是经济学界老生常谈的一些话题,也是近年围绕中国经济转型与发展研究所持续发热的一些"关键词"。经济学圈内外围绕这几个"关键词"所代表的经济现象及其彼此联系的考察也不在少数。然而读过笔者前本书以及那之前所发表的一些文章的读者或许已经留意到,我所说的区域经济开放以及对其效应考察的切入点,不同于以往研究和流行的界定。我所说的区域经济开放,并非指一般意义的"开放经济",而是基于一个新的界定,这便是"二重开放"。所谓"二重开放",就是区际化与国际化并行的开放。我要考察的开放之制度转型与经济增长等效应,并非从国民经济层面切入,单纯沿着对外开放深入下去的,而是从区域经济层面切入,以一种"二重开放"的视野展开的。

区域经济层面的"二重开放"是个现实存在,但这个现实存在显然被西方主流经济学所忽略了。客观地来看,西方主流经济学在经济实体互动方面的理论,要么持一种"有国家无区域"的视点,要么持一种"有区域无国家"的视点。前者是大卫·休谟而李嘉图辟出,直到新古典经济学所坚持的"传统"国际贸易理论以及宽泛的国际经济学的视点,后者则是新经济地理学的视点。我以为这种"二分"视点形成的逻辑,多半在于西方主流经济学由以产生的制度环境。西方市场经济体基于坚实的私有产权制度,内部区域间的行政区划对于区域间个人与企业的经济交往没有多大影响,区域政府在对外经济事务方面的权限很小,既无权也无责干预对外贸易以及企业的"引进来"与"走出去"活动。此类经济活动完全属于企业乃至个人经济行为。企业跨越国境的经济交易则完全受国家在外贸、外汇以及宽泛的对外经济合作等领域法律法规的节制。国家之下的各区域政府在对外经济交易方面插手的空间也很小，影响极其有限。故此在对外经济交往方面形成了事实上的"有国家无区域"的状态。至于新经济地理学之"有区域无国家"的视点，则源自该理论框架暗含的一个假定，这便是一种近乎"无政府"的假定。新经济地理学的经典模型，要么完全舍去了政府，要么仅将政府活动作为改变贸易成本的外生变量来处理，以便聚焦于企业与个人的决策行为，由此形成了事实上的"有区域无国家"的分析框架。

中国的现实与一般市场经济体截然不同，中国现行体制赋予各级政府以足够的权限参与和干预对外经济活动，且将区域经济对外开放进程与地方政府的"政绩"直接挂钩。与此同时，各行政区之间的"经济边界"明确且有很强的"政治经济学"内涵，地方政府拥有足够的权限和能量干预本地区与远近距离不同地区间的经济关系，以或明或暗的"地方保护主义"手段营造区域竞争的软硬环境，在经济"区际开放"方面也发挥着实质性影响，甚至具有"准第二自然"（quasi-second nature）的作用。由此，区域经济的"二重开放"成了中国制度环境下的一种具有实质内涵的现实存在，是研究中国区域经济无法回避的重要现实。

从区域经济视点切入考察"二重开放"的制度转型与经济增长效应，无疑属于一种新的尝试。此前的研究大多将经济开放理解为对外开放，将外资、外贸以及对外直接投资流动作为主要的"自变量"，本研究则以"二重开放"的视野，同时考虑区际贸易与区际资本流动因素，给开放变量以新的内涵，由此辟出了足够大的创新空间。科学研究的灵魂在于创新，这既是本人多年从事学术研究的一种理念，也是本书的宗旨所在。或许由于这种明确显露的创新意向，与前一个"阶段性"研究一样，本研究也获得了国家社科基金的资助，且被列入重点研究项目之列。当然，对我来说，研究与思考本身就是一种享受，能够获得国家基金的资助，算是一种额外的收益，也是一种运道。

作为国家社科基金研究项目，本书也是团队合作的产物，说具体点就是我与我所指导过的博士、硕士研究生团队合作的产物。时下国内高校科研考核多半奉行"赢家通吃"原则，一项研究的"业绩点"往往多半归入"主持人"名下，同一单位的同事合作很难让排名后面的人分享到与其贡献相当的"业绩"，由此导致了同事合作的稀少与"师门"合作的盛行。本项目的研究也顺了这个"时务"。当然以这种方式实施一个较大的研究项目，本身也具有成果与人才"双赢"的效果，作为教师和博士生导师，也不失为一件美事与乐事。

当然世界上没有完美的事儿，一项研究成果，尤其是多人参与的研究成果，更不可能是完美的，其缺陷是难免的。作为课题负责人，我期待着同行的改进建议与善意批评。

（本文部分原载《中国社会科学报》2011 年 9 月 22 日）